愛知学院大学文学会叢書 2

江戸出訴への領主の対応

交代寄合高木家役人出府中御用日記

伊藤孝幸

溪水社

江戸出訴への領主の対応

目次

凡例

一、本書は、名古屋大学附属図書館所蔵「高木家文書」に含まれる、明和元（一七六四）年に発生した交代寄合旗本高木家（西高木家）の領民による江戸出訴に対する領主高木家の江戸表での具体的な対応策を書き留めた御用日記（全六冊）を翻刻して紹介する。

二、御用日記の翻刻は、次の要領にしたがって実施した。

1 翻刻文には、判読の便をはかって適宜に読点「、」と並列点「・」をつけた。

2 漢字は原則として常用漢字を用い、俗字・略字・異体字などは本字に改めた。但し、固有名詞の地名・人名などは、文書に記載された文字をそのまま使用した場合もある。

3 変体仮名は原則として平仮名に改めた。但し、助詞として使用された変体仮名の「者（＝は）」、「江（＝え）」、「而（＝て）」、「与（＝と）」、「茂（＝も）」それぞれの場合はそのまま用い、ポイントを下げて右寄せにした。

4 片仮名はそのまま使用した。但し、助詞として使用された「ニ（＝に）」については、ポイントを下げて右寄せにした。

5 合字の「ゟ（＝より）」、「〆（＝しめ）」はそのまま用いた。

6 接続詞の「并（＝ならびに）」はそのまま用いて、ポイントを下げて右寄せにした。

7 副助詞の「而已（＝のみ）」はそのまま本字ポイントで用いた。

8 繰り返しを示す踊り字は、漢字一字の場合には「々」、平仮名一字の場合には「ゝ」、片仮名一字の場合には「ヽ」、二字以上の語句の場合には「〱」をそれぞれ用いた。

9 誤字や当字については、原則として各章の初出時のみに、正しい文字を（　）に入れて右行間に注記した。

10 明らかな欠字（脱字）または欠字（脱字）の可能性がある場合には、右行間に（〇、欠）または（〇、欠カ）と注記し、衍字《えんじ》の場合には右行間に（衍）と注記した。

11　記載の文字が明瞭で文意不通の箇所には、右行間に（ママ）と注記するか、または、文意によって推定した文字を（　）に入れて右行間に注記した。

12　虫損などによって記載文字に重要な欠損のある場合に、字数を推定できる時には一字を□一つで示し、字数不明の時には［　］で示した。また、その欠損文字が判読可能な場合には（　）に入れて右行間に注記し、推定文字に疑問の残る場合には（○カ）と右行間に注記した。

13　文意をたどり易くするための翻刻者による注記は、原則として各章の初出時のみに（　）に入れて右行間に記した。

14　敬意を表現した闕字《けつじ》および平出《へいしゅつ》は原則として追い込みにした。

15　表紙、付札《つけふだ》、貼紙に記載されている字句については「　」を付して記載し、それぞれ（表紙）、（付紙）、（貼紙）と右行間に注記した。

16　抹消文字が、判読可能な場合には当該文字の左行間に見消《みせけち》記号「ミ」を付して翻刻し、判読できない場合には、■で表した。また、抹消文字に訂正の記載がある場合は右行間に翻刻した。

江戸出訴への領主の対応

――文代寄合高木家役人出府中御用日記――

〔解説〕幕藩領主による連携・交代寄合高木家の善後策

はじめに

名古屋大学附属図書館所蔵「高木家文書」は、江戸時代に交代寄合《こうたいよりあい》の旗本で、美濃国石津郡多良郷《たらごう》宮村（現岐阜県養老郡上石津町）のうちに在所屋敷を構えていた「美濃衆」高木三家の一家であった高木家（西高木家）の旧蔵文書群である。高木家および同家の分家両家（東高木家・北高木家、以下、「東家」・「北家」と呼称）の知行所はそれぞれ石津郡多良郷・時郷《ときごう》（同前）の両郷内に宛行《あてが》われており、知行高は高木家が二三〇〇石、分家両家はそれぞれ一〇〇〇石であった。このように知行高はいずれも中堅の旗本クラスであったけれども、高木三家は交代寄合であったため譜代大名並の家格を有し、知行所内の各屋敷への居住を許されると同時に、隔年での参勤交代を命じられていた。

一八世紀後半以降での高木家は、江戸に用人クラスの江戸留守居《るすい》役一人と若干名の下役を配置して幕府や諸武家との折衝にあたらせるとともに、在所屋敷表では年寄役（家老役）を筆頭にした二〇人前後の士分と足軽以下一〇数人からなる家臣団によって知行所支配や家政等を勤務させていた。特筆すべきことは高木家が分家の東家・北家とともに幕府に対してほぼ江戸時代全期にわたり勤めていた役務である。それは、一七世紀前半から幕府倒壊までに及んで、濃尾平野の木曽・長良・揖斐の三大河川流域で治水工事時の普請奉行勤務を中心とする「川通御用《かわどおりごよう》」を勤めていたことである。高木家をはじめとした高木三家は、同流域に居住する武士身分を含めたすべての人々に対して公儀権力の一翼を担う存在であった。

一　高木家知行所と時郷時山村

前述した高木三家の知行所のある美濃国石津郡多良郷・時郷（現岐阜県養老郡上石津町）は、美濃国の最も西端に位置し、北側に多良郷、南側に時郷と、南北に地続きの盆地であった。西側には鈴鹿山脈の山並みがあり、その稜線が近江国との国境である一方、東側には養老山脈の北端が迫り、時郷の南側郷境が伊勢国境と重なっていた。両郷の中央には揖斐川支流の牧田川が流れ、ほぼその川沿いに中山道関ヶ原宿（現岐阜県不破郡関ヶ原町）と東海道桑名宿（現三重県桑名市）を結ぶ伊勢街道が通るとともに、時郷の内からは伊勢街道と近江国多賀村（現滋賀県犬上郡多賀町）をつなぐ江州街道《ごうしゅう》（保月越《ほうづきごえ》）が通じていた。

多良郷は全二四ヶ村（総高三六六七石余）で、そのうちの宮村は高木三家による相給《あいきゅう》支配村であると同時に一貫して三家自体が在住し、残る二三ヶ村は、一八世紀以降には相給支配の場合も含めて、高木三家のうちの知行所であるか、旗本の青木家領か別所家領であるか、或いは、尾張藩領であるか、幕府領であるかのいずれかであった。高木三家は多良郷全体の約六割の高を支配し、高木三家の支配地を全く含まない村数は全体の三分の一にあたる八ヶ村であった。

一方、時郷は全七ヶ村（総高二一三一石余）で、幕末までを通じて高木三家のいずれかの知行所（六ヶ村は共に三家の相給支配村、一ヶ村は高木家の一円支配村）であった。

本書で紹介する明和元（一七六四）年に発生した高木家領民による江戸出訴は、時郷内の時山《ときやま》村百姓が企てた江戸幕府への訴願活動であった。これは、高木家領民二八人が同家家臣を直接の対決者としながらも、幕府奉行所に高木家による領地支配の非道さを訴え出たもので、高木家にとっては自らの個別領主としての存在を揺るがす一大事であった。時山村は、時郷の中でも最も西端にあり鈴鹿山系の裾山に位置した山村で、村高六八石余の小村であった。高木三家によって相給支配されており、高木家知行所分はすべて畑高の三九石余であったが、そのうちの約一〇石は永年控除高に過ぎなかった。また、高木家領民の家数は維新期において四三軒だった。生業の中心は炭焼き等の山方稼ぎで、野山を切り開き稗・粟を作付けして食料にしていた。

二　明和元年時山村江戸出訴一件の概要

明和元（一七六四）年一一月六日の早朝、高木家領時山村の百姓一人が多良郷宮村の同家屋敷に出向き、同村百姓達が渡世のため名古屋へでも出稼ぎに行く旨を言って駆け去った。それによって事態の発生を知った高木家は、早速に居残り百姓から事情聴取したところ、時山村百姓達が名古屋・江戸へ稼ぎに向かった理由は、宝暦九（一七五九）年から続いた時山村と檀那寺間の出入りに時間を浪費し度々に高木家から「御咎《とが》メ」もあって稼ぎが出来ず、高木家より賦課された御用金は妻子衣類まで質入れして調達しており、渡世しかねるためということだった。時山村百姓達の江戸での出訴も想定した高木家は、家臣一人（付添一人とも）を江戸に派遣することにした。そして、分家の東家・北家とも報告・相談を繰り返し、また、親戚の尾張藩家臣遠山家や大垣藩城代衆、幕府笠松代官所へは事態に関しての内談や照会を実施するとともに、自家江戸留守居役・下向家臣に対して江戸表で尾張藩江戸詰家臣児玉氏や親戚の越前勝山藩小笠原家、伊勢長島藩留守居役鈴木氏など、自家関連の諸人・諸家へ内談や依頼を行うように高木家は指示していった。

高木家の下向家臣三輪武右衛門は、事態発生から三日後の一一月九日に名古屋へ向け出発し、遠山家へ立ち寄り内談の後に同一九日に江戸へ到着した。本書に紹介する御用日記（全六冊）の筆者は主にこの時下向した用人役の三輪武右衛門（三輪自身が自らを客体化して記載）と考えられ、同日記には、この時点から一年後の明和二年一〇月一七日に同人が帰郷のため江戸を出発するまでの間における御用勤務の内容などが克明に記されている。

江戸に到着した三輪は二一日に越前勝山藩の屋敷へ出向くなど早々に百姓出訴への対策に取り組み始め、一方で時山村百姓達は、同日に高木家江戸屋敷（当時の高木家江戸留守居役は麹町《こうじまち》元山王の東家江戸屋敷内に同居）の門前まで詰め掛けた後、遂に同二三日には幕府寺社奉行所に駆込訴《かけこみそ》した。百姓二八人が連名で提出した訴状の要点を箇条書で示すと次の通りであった。

① 去年二月に庄屋以下三二人のうち庄屋（同人親とも）・組頭四人と百姓一九人が高木家知行所四ヶ村へ村《むら》預《あずけ》に処せられた。

② 去年一一月に高木家から御用金五〇両を賦課され、三〇両を工面して残り二〇両の用捨を願ったところ、今年七月に百姓一人が閉門《へいもん》に処せられた。

③ 伝来の時山村諸書物等を残らず高木家へ提出するように命じられたが、時山村は三給入会のため三給組頭が隔年で預かっており、「三給立会之上」でないと提出できないと返答のところ、容赦なく庄屋が閉門、組頭二人が戸〆《とじめ》に処せられた。

④ 村方から高木家陣屋へ一つひとつ色々訴えたけれども、願の取り上げがない。

⑤ 高木家当主は代々慈悲深くて今回の件も知らず、全く役人中の取り計らいか、何かの遺恨等を含んでのことか。

⑥ 願の趣を吟味して欲しい。

この出訴後に時山村百姓達は寺社奉行から公事宿《くじやど》への宿預《やどあずけ》を命じられ、高木家は、江戸表で老中と寺社奉行宛の書類提出に追われる一方、美濃国の在所表では尾張藩家臣遠山家や大垣表とで対策を検討しながら、長島藩郡奉行または彦根藩家臣長野家へ新たに百姓出訴の報告および協力依頼などを行っていたところ、一一月晦日、老中の指示で出訴百姓全員は寺社奉行から高木家（江戸留守居役）へ引き渡された。その引き渡し直後に高木家留守居役の藤牧伊右衛門が、寺社奉行所役人に自家による吟味・仕置の実施に幕府助力の可能性を期待を込めて尋ねたところ、当該役人は管轄外を理由に返答を避け、老中への伺いのみを助言した。留守居役藤牧は改めて老中へ伺わず、この後暫くの間、いかにして出訴百姓達を在所多良表へ引き帰らせて吟味するかという方向で高木家は解決策を練っていった。

高木家は、平時から交際していた血縁関係または地縁的関係にある領主諸家の大半を頼りにして、課題解決のための具体的な方策を検討するとともに、同時に幕府への届出・出願の最善策を模索した。出訴百姓達は帰国させようとする留守居役の指令や公事宿の説得に容易に応じなかったため、多大な出費となっても手鎖《てぐさり》・網駕籠《あみかご》を利用した強制的な連行策、高木家当主下知状《げちじょう》の読み聞かせによる命令での引き取り策、と順次手段を考案した。高木家への出訴百姓引き渡しから一ヶ月後の閏一二月朔日、百姓全員に対して当主下知状を読み聞かせても効果がなかったため、尾張藩家臣児玉氏と相談の結果、もはや手鎖・網駕籠での強制連行の実施か、幕府への公裁出願しか解決方法のないことを確認した。この残された二つの方法への高木家の取り組みは大きな時期的ずれなく同時に行われていったが、最終的には公裁を受けるために、年改まった明和二（一七六五）年正月一六日に高木家から老中に出訴百姓の帰郷不得心にともなっての伺書を提出し、徐々に強制連行策から公裁出願策へと高木家の目指す方策の比重は変化していった。

正月二一日、幕府評定所で高木家留守居役から江戸町奉行へ出訴百姓の引き渡しが行われた後、半年間に及んで出訴百姓および高木家家臣に対してそれぞれ何度かの吟味が評定所で実施された。そして、一〇月一一日、ついに裁許が申し渡された。出訴百姓達に対しては、自らの不埒《ふらち》にも拘わらず、高木家家来達の行為が非道との間違ったことを申し立て、高木家が吟味実施中に江戸へ出向いて駆込訴したことは不埒として、組頭三人が役儀取り上げで押し込め（監禁刑）、百姓一八人が手鎖にそれぞれ処せられた（組頭一人および百姓六人は吟味中病死のため構いなし）。また、高木家家臣の方へは、実施行為を吟味したところ手抜き行為はなかったとして、構いなしとの裁きだった。領主の高木家にとっては、この上ない裁定で出訴一件を処理することができたわけである。

三　領民出訴への領主側対応の特質

以上の通り、時山村高木家領民による出訴一件を決着させた幕府評定所による裁許は、公正な裁定というよりも、幕府（将軍）のもとに武家領主権力の一部を担う存在であった個別領主の高木家に肩入れした内容の裁きであったことは間違いないであろう。なぜならば、出訴百姓が江戸表に到着した当初には次のような事実も確認できる。

明和元年一一月二二日、高木家江戸留守居役の藤牧は高木家当主（高木新兵衛）の名で自らの知行所時山村の百姓達が出訴のために江戸表へ出向の模様との届書を月番の老中と寺社奉行にそれぞれ提出した。寺社奉行からは書き直しを命じられるとともに、高木家の親類・縁者などの書付を提出するように後日要求されたのだが、老中へ追加提出することになった状況説明書の案文作成を高木家が依頼した公事宿の上総屋太右衛門による寺社奉行のその要求についての判断は、「親類・縁者を尋ねたのは、きっと幕府より地頭（旗本）をお抱えのために尋問されたことであろう。というのは、公儀（領主権力）にも上位・下位があり、地頭からは少々無理なことも命じるものである。幕府が吟味した際に地頭に非分があるようでは宜しくないので、幕府から親類家へ命じられて出訴百姓をなだめた後に帰郷させるようにという類例の多いことなので、きっとこの為であろう」という理解であった。公事宿という職業は訴訟当事者の宿泊所や補佐役などを勤めた訴訟実務の専門職で、当該期の訴訟を処理した幕府の姿勢の実態を最も熟知していたものの一例であるから、その公事宿が捉えた旗本等の下位武家領主を庇護する幕府の姿勢は実像と考えられる。

時山村百姓の江戸出訴一件にみる領主側対応の特徴は、以上のような上位権力である幕府の基本姿勢の問題だけでなく、高木家と血縁関係にあった武家領主諸家や地縁的関係などで交際関係にあった武家領主諸家が高木家に協力して一件の解決を目指していたことである。高木家は、血縁関係にあった尾張藩家臣遠山家・越前勝山藩主小笠原家・近江彦根藩家臣長野家や地縁的関係での美濃大垣藩主戸田家（遠縁でもあり）・伊勢長島藩主増山家などを協力者にして、または、それらの家を手掛かりにして手筋《てすじ》（特に幕府吟味担当役人への伝《つて》）を求めて、一件への対応策を講じていった。

この一件での血縁・地縁の諸家による高木家への協力の様子には注目すべき点がある。その一つは、尾張藩家臣遠山家が事態の発生直後から評定所裁許で一件が決着するまでほぼ全期間通して高木家を指導・援助し、最も重要な役割を果たしていたことである。これは当該期の高木家九代当主（篤貞《あつさだ》）と遠山家当主（景慶《かげよし》）とが実の兄弟（景慶が兄）で、両者の母親が高木家六代当主の娘であったという双方両家に濃厚な血縁関係のあったためと考えられる。また、遠山景慶は一件当時に尾張藩の要職である年寄役の地位にあったことも、当然両者の関係に大きく影響していただろう。これらのことと深い関係にあるが、注目点の第二は、近親関係にある家臣遠山家だけでなく、尾張藩自体が実際に一件での高木家に重要な協力を実施していたことである。その代表的な事例は、同藩江戸詰家臣児玉繁右衛門による各種の助言・協力のあったことであり、財政的な協力もあったことである。

当時に児玉氏は尾張藩江戸定詰作事奉行で市ヶ谷屋敷奉行も兼務していたが、宝暦三（一七五三）年に同藩へ出仕するまでは幕府勘定奉行の家臣であったため、それまでの伝により幕府役人衆へ内輪問い合わせ等の藩御用も勤めていた。高木家には御三家尾張藩が幕府役人に対して他者とは比較にならない多大な影響力をもっているという普段の認識があったため、児玉氏による度々の助言・協力をこの上なく思ったであろう。そして、この出訴一件での高木家負担金の額は年間の年貢米収益を優に超える五三五両余にも達したが、親戚の越前勝山藩小笠原家が一〇〇両を都合したのと同じく、尾張藩も拝借金を一〇〇両融通していた。

四　御用日記の主な登場人物

解説の最後として、本書に紹介の御用日記に登場する主要な人物について、簡単にではあるが判明する限り、所属ごとを基本にして紹介しておく。各所属での人名記載順は御用日記での登場順に拠っている。人名に続く〔　〕内は役職・身分等である。

（一）高木家関係

三輪武右衛門〔用人役〕、三和平八〔足軽ヵ〕、藤牧伊右衛門〔江戸留守居役〕、高木新兵衛篤貞《あつさだ》〔九代当主〕、浅〔篤貞妻、小笠原飛騨守姉〕、高木修理《しゅり》貞臧《さだよし》〔篤貞嫡男〕、高木三五郎正幹《まさもと》〔篤貞三男〕、小寺助右衛門知雄〔用人役〕、三輪代右衛門〔知行方懸、用人役ヵ〕、松井周右衛門〔家老役〕、東山弥三八（弥惣八）、土屋瀬左衛門安郷、大嶽弥部右衛門久郷

（二）東家・北家関係

前嶋矢柄（前嶋族長良、佐野族長良）〔東家江戸留守居役、北家同役を兼務〕、高木内膳貞往《さだゆき》〔東家七代当主〕、高木一学貞一《さだかず》〔北家一一代当主〕、加藤養左衛門〔北家家臣〕

（三）幕府関係

酒井飛騨守忠香《ただか》〔寺社奉行〕、関源八〔老中松平右京大夫用人〕、松平右京大夫輝高《てるたか》〔老中〕、松平伊賀守忠順《ただより》〔寺社奉行〕、都筑平大夫〔寺社奉行松平伊賀守役人〕、大井求馬《もとま》〔同前用人代人〕、大橋五右衛門〔同前役人〕、毛利讃岐守政苗《まさなり》〔前寺社奉行〕、石嶋弥市右衛門（弥一右衛門）敬隆〔老中松平右京大夫用人〕、松平右近将監武元《たけちか》〔老中〕、篠崎佐助（左助）〔老中松平右京大夫用人〕、大野弥八郎〔同前〕、土屋越前守正方《まさかた》〔江戸町奉行〕、安田條右衛門〔江戸町奉行土屋越前守役人〕、石野治右衛門（治左衛門）〔同前〕、塩谷忠兵衛〔同前〕、石井惣助〔同

前〕、依田豊前守政次《まさつぐ》〔江戸町奉行〕、八幡郡兵衛〔江戸町奉行依田豊前守用人〕、松平摂津守忠恒《ただつね》〔若年寄〕、横屋〔横谷〕幸之進〔評定所留役〕、甲斐庄武助〔評定所留守居〕、大井伊勢守満英《みつひで》〔大目付〕、阿部伊予守正右《まさすけ》〔西丸老中、本丸月番加判兼帯〕、板倉佐渡守勝清《かつきよ》〔側用人〕、向山源太夫〔評定所留役筆頭〕、伊奈半左衛門忠宥《ただおき》〔勘定奉行〕

（四）尾張藩関係

児玉繁右衛門〔江戸定詰作事奉行、市ヶ谷屋敷奉行兼〕、辻村甚左衛門〔児玉詰所取次〕、遠山十郎左衛門〔遠山靫負《ゆきえ》〕景慶《かげよし》〔年寄役、高木篤貞実兄〕、生駒因幡守周房〔年寄役〕、鈴木安之右衛門〔家臣遠山家家来〕、木村佐左衛門〔同前〕、小笠原三九郎〔家臣、高木篤貞親戚〕、徳川宗睦《むねちか》〔九代藩主〕、竹腰山城守勝紀《かつのり》〔両家年寄役〕、神谷源十郎〔年寄役生駒家家来〕、沢田門大夫〔門太夫〕〔家臣遠山家家来カ〕

（五）越前勝山藩関係

山田勘八勝門〔家臣〕、小笠原飛騨守信房《のぶふさ》〔小笠原家五代藩主、高木篤貞室兄〕、智窓院〔小笠原家三代藩主未亡人〕、山田新五兵衛〔神田橋屋敷詰役人〕、小笠原郡右衛門〔同前カ〕、伴与惣兵衛〔同前カ〕、

（六）伊勢長島藩関係

石榑左源司〔左源次〕乗門〔家臣〕、増山対馬守正賛《まさよし》〔増山家四代藩主〕、木寺利左衛門〔大庄屋、郷目付〕、鈴木定右衛門〔江戸留守居役〕

（七）出羽庄内藩（鶴岡藩）関係

酒井左衛門尉忠寄《ただより》〔酒井家五代藩主、前老中、高木家縁家〕、小寺九十九〔留守居役〕、中村清蔵〔同前〕、秋尾五兵衛〔使者〕、大野与一右衛門〔留守居役〕

（八）その他

上総屋太右衛門〔公事宿〕、関東屋佐兵衛〔公事宿、馬喰町二丁目〕、井伊直幸《なおひで》〔近江彦根井伊家一三代藩主〕、

国枝彦之進〔美濃大垣藩江戸留守居役カ〕、戸田采女正氏英《うじひで》〔美濃大垣戸田家六代藩主〕、水野豊後守忠友《ただとも》〔幕府側衆〕、間部主膳正詮央《あきなか》〔越前鯖江間部家三代藩主、北家当主貞一室兄〕、松平薩摩守〔島津重豪《しげひで》〕〔薩摩島津家八代藩主〕、東郷源五〔松平薩摩守江戸留守居〕、鬼塚郷太郎〔松平薩摩守家臣東郷源五家来〕、岡田将監善章《よしあきら》〔幕府持筒頭、美濃国内に知行所有り〕、古田久兵衛〔岡田将監家来〕、徳永〔昌寛《まさひろ》カ〕〔幕府寄合、美濃国内に知行所有り〕、白川屋利左衛門〔時山村百姓公事宿〕、酒井五郎助忠敬《ただたね》〔旗本、高木家縁家〕、松平下総守忠刻《ただとき》〔伊勢桑名松平（奥平）家二代藩主〕、水野内膳頭政勝〔幕府書院番頭〕、青木九十郎直美《なおよし》〔旗本、多良郷内に知行所有り〕

【参考史料・文献】

・名古屋市蓬左文庫所蔵「稿本藩士名寄」。
・名古屋大学附属図書館所蔵「高木家文書」。
・伊藤孝幸著『交代寄合高木家の研究――近世領主権力と支配の特質――』（清文堂出版、二〇〇四年）。

以上

一　御用日記　一番（明和元年一一月二〇日～一二月一六日）

（表紙）「
明和元年甲申　十一月廿日ゟ
　　　　　　　十二月十六日迄
　　日記　　壱番
御領分時山村出訴一件江戸表
御役人出府中御用向五冊」

十一月九日多良出立、（三輪武右衛門）名古屋江着、十日平八（三和）名古屋着、十二日名古屋出立、道中天気能十九日江戸着

一十一月十二日名古屋出立、同十九日江戸着、伊右衛門（藤牧）へ一通り申談候処、伊右衛門申候ハ、尾州ゟ先達而御出し之御状昨十七日当（到）着致候ニ付、徳（篤）と致一覧候而今朝児玉（繁右衛門）へ参候処、出殿ニ而帰之程相知レ不申候由、仍之明朝早朝ゟ可参旨申置罷帰候、夜中伊右衛門と咄合、翌朝可参旨之事

△　廿日　天気吉

一伊右衛門早朝ゟ児玉へ御書持参致参候処、児玉被申聞候ハ、尾州ゟも段々被仰越候間、御相談ハ何分可致候

へとも、拙者儀昨日被仰付候ハ、此度御姫(邦)様松平安芸守(浅野重晟)殿へ御婚礼御座候処、右御姫様附ニ被仰付立身・御加増等も御座候、仍之少シ之手透無御座候故、他行難致候間、承合通し之儀ハ此度御断申候由被申聞、武右衛門(三輪)殿御出之義も見合、是より御左右可申旨被申候由、仍之伊右衛門申候ハ、然時ハ児玉ハ相談計ニ而外之義間ニ合不申候、先承合通し第一之事ニ候へハ、拙者存付矢柄(族)近身之者(前嶋長良、佐野長良)酒井飛騨様(酒井忠香)御役人ニ有之候間、是頼可申と存児玉へ咄候へハ、それこそ宜事ニ候と被申候故、大御老中様へ御届可申哉、寺社方様へ御届可申哉、又御届ニ不及哉、其外之訳共内々ニ而相尋被呉候へと■(前)嶋へ武右衛門・伊右衛門参相頼候へハ、矢柄請合直ニかの方へ罷越候事

一平八かすさや(上総屋)へ遣様子相尋候処、未時山者相見へ不申候由、かつさや申候ハ、其儀ハ寺社御奉行へ懸(駆)込か御駕籠そう(訴)か箱そうゟ外無之候、懸込・駕籠そうハ地頭へ御尋御座候、箱そうハ中々急ニ埒明ものニハ無之と申由

一旅《ヤカラ》(族)酒井様留主居ニ合(会)罷帰申聞候ハ、是とても左様成類是迄承不及候故、徳と不存甚無覚束旨申、くじ(公事)懸役へ相尋相知レ候ハ、為御知可申由申候由、矢柄申候ハ、とかく御大切成御事ニ候間、小笠原様(小笠原信房)山田勘八(山田勝門)へ御尋被成候ハ、太郎兵衛なと年老者故、若相知レ可申義も可有之候、今晩御手紙被遣被置候而、明朝御出御尋被成候而可然旨申候ニより、伊右衛門手紙被遣候、明四ツ時参候様ニ申来候事

▲廿一日　天気吉

一小笠原様へ武右衛門・伊右衛門参候而山田勘八ニ逢、武右衛門飛州様(小笠原信房)・智窓院様へ殿様(高木篤貞)・奥(浅)様・若殿様(高木貞臧)・三五郎(高木正幹)様ゟ之御口上申上、時山一件咄申候処、勘八申候ハ、とかく大御老中様御用番様へ御出、伊右衛門殿御用人中ニ御逢被成候而内々咄ニ被成被置、時山者出訴之趣徳と御聞合被成候而、弥出訴仕候ニ相極り候ハ、又表向

ニ而寺社御奉行様御用番へ書付を以御届被成候方可然様ニ存候、しかし、か様成義是迄承不及候間、先拙者之了簡ニ候間、此上御大切成義ニ候間、随分可被入御念候と申候、尤飛騨守様御登城ニ而御留主之事故追付罷帰候処ニ、御門前ニ多ク人相見へ候処、時山者御門前へ詰懸ケ罷有候故、行掛りニ而伊右衛門・武右衛門共ニ一言なく内へ入様相尋候処、右両留主之内参殊外ヤかましく申候故、矢柄罷出相尋候へハ、私共ハ新兵衛（高木篤貞）様御百性（姓）共、願之義ニ付参候旨申候故、それハ願之義ハ何れ共可相成候間、先ヤかましく申すなと申候由申聞候、存候外之事故、伊右衛門と相談之上、伊右衛門召遣ニ刀さゝせ、願之筋被《可》聞候間、門内入候へハ《と》申候へハ、御願と申ハ私共御公儀へ罷出候間、伊右衛門様御取次可被下候、今御門内へハ入不申由申之、又押返し、門外ニ而ハ難聞候間、セひ門内へ可入、不残難入候ハヽ、一両人ニ而も可入と申遣候処、中々内へ入不申、伊右衛門罷出承り候処、私共是（ママ）殿様ニ者不御目懸候へとも、役人中かつ（渇）命ニおよひ候様ニ被申付候故、御願申度候間、御取次可被下と申、伊右衛門申候ハ、それハ地頭を相手と者（申、欠カ）ニ候間、手前取次事相ならす、かつ命ニおよふと申ハ如何様成わけ哉、願之筋ハ如何様哉と相尋候へとも、かつて不申、それハ武右衛門（小寺知雄）・助右衛門（三輪）・代右衛門よく存居被申之事、申上ル事なし、とかく御取次不被成候共、罷出候処御差図被下候様ニと申、手前不知事ハ差図不成、何分御国元へ申遣役人へ相尋、よ（呼）ひ下し候而成共可成事ならハ致可遣候間、了簡ニ不及申内へ入、伊右衛門しうと（舅）居申故、是を頼色々承り候へ共、とかくわけ不申候故、両人相談之上伊右衛門罷出、国元へ可申遣候間、何れへ成共差控候様ニ申候へハ、其義ハ今晩之命も相知レ不申候間、得相待申間敷と申、かつ命およふと申、然ハ其内ハ手前扶持し可置候間、相待可申と申、然時ハ其義ハ難有奉存候へとも、御前様御かくまい被下候内ハ御訴しやう（訟）ハ成不申候哉と申、伊右衛門申候ハ、それハ知レたる事、扶持し置候ニ御訴しやうと事（申、欠カ）不成事と申、左候へハ左様ニハ得仕間敷候、五十日も百日も御扶持被下被置候へハ、今晩之命も相知レ不申候故、御訴しやう申節ハ無御座候と申、伊右衛門左様申者ハ不及力訴しやう勝手次第共申事なく、差図不致セひ（是非）なき事と申、左様ならハ御駕籠訴ニ而も可仕候、御苦労之義御引可被下と申、セひなき事と申、伊右衛門引候へ共、直ニ立チも不致、こよひハ御門前ニ夜を明し、明朝出訴致と口々ニ申御門前ニふし居候故、其分ニ差置候而、伊右衛門・武右衛門・矢柄相談之上、御老中様御月番・寺社御奉行御月番様へ御届書相認、明朝伊右衛門御届ニ罷出候積り、御届書左之通

一私知行所濃州石津郡時郷之内時山村百姓共出訴之儀有之《有之》候ニ付、江戸表へ罷出候由ニ相聞へ候ニ付《由ニ相聞へ候ニ付》、此段御届申上候、以上

十一月十一日　高木新兵衛

▲廿二日　天気吉

一今朝迄時山村者御門前ニ臥居候而、早朝ニ何方江か退候、行方つけ申度候へとも功者成者急故無之、見しり候者ハ難遣候故、其分ニ致置候事

一伊右衛門、御老中御月番様・寺社御奉行御月番へ御届書持参仕、御届ケニ罷出候

一明廿三日多良へ之書状差出ニ付相認、今晩飛脚屋へ遣ス、桑名へ向出ス

一大御老中様へ御届書持参仕候処、関源八と申御用人へ相渡候処、奥へ持行、又持出候而、是ハ何の事哉、訳相知レ不申候間、訳を御認可被成候、何之義か相知レ不申候と申候ニ付、伊右衛門申候ハ、時山村小村之義ニ候処、百性共過半も出候事故、取あへす相認差越候と申候へハ、成程御取あへ《なく》す之御届御尤与存候、乍去わけを御認御差出と申ニ付、伊右衛門申候ハ、殊外入くミ候義故、わけを相認申義ハ如何と申候へハ、其義ハ所々あ

らましさツとわかり候様ニ御認可被成候、此御書付ハ先預り置申候と申候由、尤国元役人参居候旨も伊右衛門申候、左候ハヽ、追而認直し差出シ可申旨申、伊右衛門帰候、右御用番松平右京(松平輝高)太夫(ママ)様、寺社御奉行松平伊賀守(松平忠順)様へ伊右衛門参御届書差出、口上ニ国元役人も参居候旨申上ル、寺社役都筑平大夫受取奥へ持行、又持出候而、是ハ江戸表へ罷出候由ニ相聞へ候と申文言御届ニ相成不申候間、江戸表へ罷出候と御認可被成候と申、相返シ申候故、畏受取申候上、右役人申候ハ、一両日中ニも出候哉と相尋候故、其義ハ如何難計と伊右衛門申候、役人申候ハ、是ハ御役人中を目あへ《てニ》致出候義と相見へ申候、成程左様と伊右衛門申候、然ハ懸込と申ものニ御座候と申、伊右衛門申候ハ、認直し差出候迄ニ罷出申義も難計と申候へハ、其義ハ不苦候、出候へハ差留置申候と役人申候

▲廿三日　天気吉

一寺社御奉行様御届書認直し、伊右衛門持参仕候

一尾州・多良書状、大坂屋茂兵衛ゟ相届ル、則武右衛門請取致遣ス

一伊右衛門伊賀守様ゟ罷帰候、御届書都筑平太夫(ママ)へ相渡候処、都筑申候、百性共ハ江戸表へ罷出候哉と相尋候ニ付、伊右衛門申候ハ、成程此間当所屋敷へ参候而、右願私ニ取次呉候様ニと申候故《と》申候へハ、都筑笑申候由、其後伊右衛門百性へ懸引之趣咄申候へ《候而》ハ、願之筋申聞候へと申候へとも、不申聞候而かツ命ニおよひ候旨申候ニ付、かくまい置可申段申候へハ承知不仕、拙者取次不申候へハ直罷出候とて立退申候と伊右衛門咄候へハ、扨《々》不申願筋も不申候哉と平太夫も笑候而、御役人中も御下向被成候哉と申候ゆへ、成程罷下り居申候と申候、百性ハ何人程と相尋候故、小村之義ニ候、過半罷出候、二十八人程出候由申候

一松平右京太夫様ゟ申談義候間、御一人御出可被成候と申来り、伊右衛門御請仕遣候処、追付松平伊賀守様ゟ、今朝御差出之御届書ニ付申談義候間、御出可被成与申来、伊右衛門罷出候、尤伊賀様へハ右京様へ参候故、可及延引旨御断申遣候事

一伊右衛門夜ニ入八ツ比罷帰、右京太夫様ニ而ハ昨日御差出被成候御届書預置候と申候へ共、承置候間、左様御心得可被成候、あらましいミ《（意味）》合認差出候義も伊右衛門如何ニ申候へハ、出し申趣之挨拶之由

一右京様へ之いミ合認差《（出、欠）》候書付不案内故、今日かつさヤ参候ニ付案文頼遣候事

一伊右衛門右京様済シ、伊賀様へ参候処、八ツ時迄また置《（せ、欠カ）》、御用人罷出申し《聞》候ハ、今日百性共罷出候処、しらべ今晩出来兼候間、明日八ツ時御出可被成候と申候而伊右衛門罷帰候

▲廿四日　天気吉

一児玉氏江三輪武右衛門へ《（ママ）》参、御口上取次辻村甚左衛門ニ申罷帰候、尤出入一件不残咄候而、御留役方へ御達可成義ニ候ハヽ、御通し置可被下候、尚又行当り候義も候ハヽ、以参御内談可仕候間、其節ハ奉頼上候旨念比《（懇）》ニ申置帰候、御音物真綿百目弐包ニ致持参致し、昨日到来之御書も差出候

一平八かつさヤへ遣し候

一伊右衛門伊賀様へ参上仕候処、御用人《替り大井求馬》罷出申聞候ハ、此間御差出被成候御届書バッと致候事ニ而御届相済不申候、いミ合御認御差出可被成候、只今是ニ而御認直し可被成候と申候ニ付、伊右衛門申候ハ、只今是ニ而相認申義、私いミ合不存候義故難仕候、国元ゟ役人共《も》罷下居申候間、罷帰相談仕相認直し差出可申候、申候へハ、成程御尤ニ存候、新兵衛様御親類・御ゑんじ《（縁者）》ヤ、尚又御在留中御留主御引請御世話被成候御方様御認御差出シ可

被成候と申聞候故、畏候、しかし、御届書之義、国元ゟ新兵衛相認差越候義ニ候へハ、一応申聞候而相認不申候而ハ如何奉存候旨申候へハ、如何様御尤ニ候、しかし、此義ハ江戸表へ罷出候由ニ而と申文言、罷出候ニ付と決而御認可被成と申ニ付《被成候へとも》、伊右衛門承知仕候と申求馬申候ハ、ケ様成御届ケと申ハ無御座事、何共訳相知レ不申義と申ニ付、伊右衛門申候ハ、右京太夫様へも御届申上候処、御預り置被成候ニ付、こなた様へも持参仕候と申、成是ニ而相済義ニハ無御座候へとも、右之所御認直し之上ハ相済置申候間、御認直し御持参可被成《親類・御ゑんじや書御認御差出》候と申《可被成候と申義ニ付》、伊右衛門申候ハ、今晩ハ夜もふけ申候間、明日ニも差上可申哉と申候へハ、何程夜ふけ候而も不被苦候間、今晩御差出と申義、其上此義ハ御国元ニ而段々御吟味も被成候而御差出し可被成義ニ候所、御吟味行届不申哉と察斗(ママ)申候へハ、伊右衛門申候ハ、吟味も仕候へとも届すてニ致罷出候故、無是(非)飛如此仕合と申候へハ、然ハ御吟味中と申申ものニ而候哉と申候故、伊右衛門成程左様之趣ニ相聞へ候と申候へハ、如何様、左様ニも可有御座候、御咎メ之者候様ニ申候へハ御尤ニ存候と申、此義ハ此方ニ而之御吟味之上可得御意候か、先ハ御地頭江御引渡ニ相成候事も可有御座候、しかし、何れへ相成候とも、其義吟味之様子次第と咄申候由、伊右衛門罷帰咄申候、右御親類・御ゑんしや御書付急成義ニ候へハ、何方様へ可伺様も無之候ニ付、伊右衛門と談合、

左之通相認申候而差出申

一同家　高木内膳(高木貞往)

一同家　高木一学(高木貞一)

尾張殿家中
一兄　遠山十郎左衛門(遠山景慶)

一妻　小笠原飛騨守姉

右之通ニ御座候、以上

十一月廿四日

あまりすくなき御事、御べツこん（別懇）之御方候ハ（ママ）、す哉と申候由、如何様義哉と此書付なんし申候所、此方察斗い（ママ）候所、若や引渡しニ相成候へハ地頭・百性ハてき・みかた、殊ニこふせい（強情）成者共ニ候へハ、是ハ御引渡しと申時ハ御親類様か御ゑんしヤ、右無御座候へハ御べツこん之御方御尋御座候へハ、是被仰付候ものと被存候事故、重而御尋候ハヽ、大坂（垣）・長嶋之内御へツこんと申可然被存候事

▲廿五日　天気吉

一伊賀様ゟ少々申談義御座候間、御出可被成候と留居（主欠）へ申来ル、伊右衛門暮合ゟ参上仕候処、又役人相替、大橋五右衛門と申人罷出申聞候者、先達而御差出シ被成候御届書、百性共吟味致候へハ、成程初ニ御出し被成候御届書ニ都合致候故、初之御届ニ而相済候義ニ御座候、是ハ御聞たがへも可有御座、此方不念も候義故と甚取繕候挨拶ニ而、伊右衛門江扨々夜中と申、間違ニ而折々御苦労懸申候とて、念比成取扱之故趣と伊右衛門申聞候、是ハ御新役故、平太夫・求馬仕くしり故、誰（又替候而）出候ニ付又も〳〵替五右衛門出候ものと被存候事

▲廿六日　天気吉

一多良ゟ之金子五両、児玉へ尾州ゟ急御用状、尾州便りニ而大田屋与八ゟ相届、受取致遣、児玉へ直ニ相届候

○是ゟ前国元へ申遣候事

一平八かつさヤへ遣候処、右京様へ差出候書付、取込故出来無之、夜ニ入罷帰候

▲廿七日　天気吉

一平八かつさヤへ遣候事

▲廿八日　天気吉

一小笠原飛騨守山田勘八江伊右衛門手紙ニ而、御親類・御ゑんじヤ書ニ飛騨守様御ゑんじヤと相認差出候旨申遣ス、尤早日(ママ)可申上之処、此間御じ(寺)院へ御成りニ付人留メ有之延引之段御断申遣候事、右勘八返答ニ御親類・御ゑんじヤ書伊賀守様へ御差出之趣、御認被下候旨申来、則伊右衛門相認遣候事

一かつさヤ平八江申聞候ハ、御親類・御ゑんじヤ御尋之義ハ決而御公辺ゟ御地頭御かゝ(抱)へニ付御尋之義ニ可有御座候、其儀と申ハ此御公儀ニも上と下モ之義ニ候へハ、地頭ゟハ少々之むりをも可申付事ニ候へハ、被及御吟味候時、地頭之あやまり有之候而ハ不被宜候間、御親類之方へ被仰付、御親類様ゟ百性御なだめ被成、御返シ被成候様ニと被仰付候事、類多事ニ候間、決而此義ニ可有御座候、然時ハ却而御為ニ不成、百性罷帰り弥以我尽(儘)申様ニ相成、此度江戸表へ持出し百性之利分之様ニ相成可申候間、右之(ママ)被仰出候ハ、御地頭御ひ分無之趣被仰立テ、御吟味御請被成候方可然と奉存候、ケ様之所が大事之場所と内々申聞候ニ付、伊右衛門へ談合、伊右衛門へ其被仰渡候へハ其趣申立テ候積り、其上勘八へも内分申置、飛騨守様ゟも右百性こふせいひ分之様ニ被為聞候様ニ被仰立テ被下候様ニ内意申置積り

一かつさヤ、右京様へ差出候書付下相認持参致候事

▲廿九日　天気吉

一昨日かつさヤ持参致右京様江之差出書、伊右衛門へ内談致候処、至極宜出来ニ付所武右衛門《（ママ）》存寄加筆致、尚又文から《（柄）》伊右衛門直し候而相認候積り

一伊賀守様ゟ暮合比申来趣、左之通り

以手紙致啓上候、然ハ相達候義御座候間、各様之内御壱人御出可被成旨伊賀守被申付候、以上

十一月

▲晦日　天気吉

一伊賀守様御役人中ゟ暮合比申来ル趣、左之通り

以手紙致啓上候、然ハ相達候義御座候間、各様之内御壱人御出可被成旨伊賀守被申付候、以上

十一月晦日

高木新兵衛様
御留主居中様

大井求馬
大橋五右衛門
都筑平太夫

右之通申来ルニ付、伊右衛門参上仕候処、大井求馬罷出申聞候ハ、先日右京太夫様へ御届書御差出被成後、何之御沙汰も無御座候哉と申聞候ニ付、伊右衛門申候ハ、御届書差出候節、御預り置被成候と被仰、其後御召ニ而参候処、先日之御届書預置候と申候へとも、承り置候間、左様ニ御心得可被成候と被仰候と申候へハ、其後何之御尋も無御座候哉と申聞候ニ付、何之御沙汰無御座候と申候へハ、求馬首をかたむけ、それハ御沙汰未無御座候哉とふしんヶ間敷申候而、何様御沙汰可有御座候、外之義ニ而も無御座、右之趣承り候迄の義ニ御座候、

右京太夫様ゟ御沙汰御座候ハヽ、御承知之上、直ニ此方へ可被仰聞候と申候ニ付、奉畏候旨申伊右衛門罷帰候
一夜九ツ比、右京太夫様ゟ左之通り申来候
　相達義有之候間、只今御壱人御出候様右京大夫申候、以上
　　十一月晦日
　高木新兵衛様　　御用人四人
　　御家来中
右御請相認為持遣伊右衛門参上仕候処、御用人罷出申聞候ハヽ、先達而御届被成候時山村百性、新兵衛様へ御引渡御座候様ニ伊賀守様へ被仰渡候間、左様御心得可被成候、尤御届書ニ御附紙出候と申相渡候ニ付、伊右衛門奉畏請取申候而、御附紙左之通り
　私知行所濃州石津郡時郷之内時山村百性共出訴之儀有之、江戸表江罷出
　候由相聞申候ニ付、此《段》御届御届申上候、以上
　十一月十一日　高木新兵衛
　　書面之百性共松平伊賀守方江願出候得
　　共、其方知行所之者ニ付、其方江引渡
　　候筈ニ候間、可被得其意候
右之通り請取奉り伊右衛門直ニ伊賀守様へ参上仕、御用人中江右之趣申達、御附紙差出為見候処、一覧之上暫御借シ可被下と申奥江持行、久敷相待候処、殊外さわがしく候ニ付、伊右衛門何事かと気つかわしく存候処、殿様ひやうせき《（評席）》へ御出と申候而そう〱しく候上、伊右衛門義罷出候様ニと御役人案内《明六ツ時前》ニ付、罷出候処、無刀ニ而御前江被召出、今少シそれへ御出と役人申候へハ、伊賀守様それへ出よ〱と被仰、すツと罷出候処、御役人も相詰罷有、時山村百性共しらす《（白洲）》ニ居ならひ候処、伊賀守様被仰渡候ハ、百性共願出候へとも、地頭新兵衛へ引渡候様ニ右京大夫殿被仰渡被仰出候間、左《右》之通り相心得、新兵衛へ可申遣候、百性共其通り可相心得候と

被仰渡御引被成候、御役人居残り、役人中・伊右衛門も其せきをさり候而、又役人中伊右衛門へ被仰聞候ハ、只今百性共ゟ御請印形取之候、御立会可被成候と申、右之せきへ伊右衛門も立会、役人中被申候者、百性共只今被仰渡之御請印取之候と申、壱人下段江おり候而、御請書奉畏候と申文言よミ為聞、印形差出様ニと申候へハ、[redacted]《何か申度趣ニ而》出兼候而、私共国元へ御差戻シ被下候ハ、又々国ニ而御ついほう（追放）の御咎メ之と御しおき（仕置）も可有御座、難儀千万と申候へハ、御役中被申付候ハ、其義ハ且而無之事、地頭へ御引渡之百性江戸表罷出候ニ付而御咎メハ且而不成事ニ候間、其儀安心仕罷可登候、しかし、外之義ニ而《御吟味筋又ハ外之》御しをきハ可有事、それハ其方共か致わざ成と被申候へとも、[redacted]《兎角印判出兼候而御請可仕と不申》〳〵と申聞居候故、右被仰渡ニ相背かときびしくしかり被申候へハ、印形出御請印仕候而者、立ませいと申付候事、座をさり、伊右衛門へ役人中被申候ハ、右之百性ハ懸《込と》と申ものニ而、無宿ニ付是迄ハ宿申付置候、御引渡シ之上ハ其方様ゟ宿被仰付成共、御屋敷御長屋ニ御差置成共、御勝手次第と被申候由、伊右衛門申候ハ、御覧之通り、こふせい成百性共新兵衛へ御引渡被下置候共、中々手ニ合申間敷候間、吟味之上しをき等ニ可仕趣ニも相成候節ハ相伺、それ〳〵しをき申付御差図を以可申付義ハ成間敷義哉と伊右衛門申候へハ、御役人被申候ハ、其義、御引渡シ之儀右京太夫様ゟ被仰渡候義、此方ゟ且而御挨拶ハ難成義、此上者此方ハ相はなれ候事ニ候へハ、少シ之御挨拶も不申候と申、しかし、右京太夫様へ御伺之義成間敷義ニも無之、御伺被成候而も可然哉と申候由、翌朔日明六半時帰宅仕候

▲十二月朔日

一右之通り相済候ニ付、先達国元申遣置候と申、右京大夫様へ之此度一件差出され候筈之書付如何致可然哉と伊右衛門内談致候処、是ハそれニハもはヤ不及と申、被仰出も無之候間、日積りを以差出可然と申、追而伊右衛

門相認持参仕、如何可仕哉と御用人中へ相伺、差図次第可致筈ニ申合候事

一新兵衛様ゟ追而右御引渡奉畏候旨之御請書被差出候由ニ候故、是ハ伊右衛門追而日積りを以相認差出候筈、伊右衛門も被仰渡候旨御請相認差上候事

（付札）「今日伊右衛門御請書差上候、左之通

高木新兵衛知行所百性共先達而願出候ニ付、御届申上候処、地頭江御引渡可被成旨松平右京太夫様御差図ニ付、先達罷出候百性弐拾八人御引渡被成、右之趣新兵衛江可申遣段被仰渡、奉畏候、并右百性共去廿三日ゟ宿被仰付置候得共、御引渡ニ付此後者新兵衛方ニ而何分ニ茂取計可申旨、奉畏候、以上

十二月朔日

高木新兵衛家来
藤牧伊右衛門」

一くわんとう（関東）屋佐兵衛代忠兵衛罷越申聞候ハ、御奉行様ゟ此間宿被仰付時山者宿仕候処、昨夕切ニ御引渡し相済候上ハ、一日も早ク出立被仰付候義御為奉存候、一銭も持合無之趣申候間、宿払之義御奉行様ゟ被仰付候哉、又ハ御地頭へ被仰、御地頭ゟ御取立御渡被成候哉、是ハ何れへ共相成可申候、先一日居申候而も御つい（費）へニ候間、はやく引取候様きひしく被仰付可然奉存候、勿論御引渡し之上ハ道中ニ而如何様義か仕出し御地頭御なんきニ可相成哉相知レ不申候間、御足軽ニ而も被付可然旨申候ニ付、此宿之申事も難計候ニ付、かつさヤへ平八相談ニ遣し候

一伊右衛門、右京様・伊賀守様へ御請相認持参仕候

一かつさヤより平八罷帰候処、百性被召候而御引渡之上ハ一日もはヤく国元罷登、役所へ罷出候而、御地頭之御吟味受候様被仰付、得心之上奉畏候受書御取成、御人壱人御附被遣候方可然奉存候旨申由

一くわんとう屋へ申遣、百性不残召連本（元）山王御屋敷へ参候様ニ申遣、くわんとう屋佐兵衛代忠兵衛百性召連罷出候ニ付、伊右衛門逢候而、御引渡之上ハ早ク罷登候様ニ申付候処ニ、私共御国元へ罷登御吟味請候義難仕、御国元三人之役人中故、ケ様ニ乞食之ていニ相成江戸表へ罷出候へハ、御国元之御吟味受何分行末可参事ニハ無御座候間、当御屋敷ニ而御吟味被成被下候様ニと申、伊右衛門申候ハ、御公儀ゟ殿様へ御引渡之事候へハ此方ニ而手前吟味ニ不済事、早速罷登候へと申候へとも得心不仕、無法ニ申候、宿甚気毒がり宿色々申聞候而、左様候ハヽ、罷登可申旨申由ニ而、（ハ、欠カ）然受書仕候様ニ伊右衛門宿へも申渡候、宿奥印致相認明日差出候様申付候、御人御付被下候義ニハ及不申候、道々乞食仕罷登候故、壱里弐里宛参旨申候ニ付、左様之事ハ不罷成、人附候間、十日ふりニ罷登可申候旨宿へ申付、宿申ふくめ候様ニ申附候所、宿申候ハ、一セんも無御座候旨申、左候ハ、附遣候人道中かつ命之所ハ計い可申旨申遣、明後日出立仕候様ニ申付遣候

▲十二月二日　少々曇り

一かつさヤゟ右京太夫様江差出候書付案文認差越候、左之通り

美濃国石津郡時郷之内下村・打上村・堂之上村・上村・細野村・時山村、右六ヶ村百性共近年風儀悪敷家業不清（精）ニ仕、其上法恩（報）講或ハ法事等ニ而人集メ仕、夜中永咄仕候趣相聞候ニ付、依之六年以前卯年（宝暦九年）、右百性共家業出清仕、勿論人集メ不仕、殊ニ夜中永咄無之様ニ可相慎旨、右六ヶ村百性共江書附を以申渡候処、下村・打上村・堂上村・上村・細野村、右五ヶ村百性共ハ得心仕、申聞候趣庄屋・組頭共へ請印出之、尤私陣屋江庄屋・組頭共ゟ請書差出候処、此度罷出候時山村庄屋・組頭・百性共承知不仕請印差出不申候、且地院（ママ）江死

滅等之節病死・変死相糺法墓（葬）候様申達候処、右時山村百性共心得違仕、通場を寺之様ニ相心得候哉、死滅法事之節旦那寺江相届不申候ニ付、右之趣相糺候義も難仕旨寺院ゟ申出候間、仍之右時山村百性共陣屋江呼出シ、公儀御定法相守り農行（業）出清仕、勿論死滅法事等之節旦那寺江相届候様申渡請印差出候様申候得ハ、却而過言等申候ニ付難捨置、三十八人之内頭取ヶ間敷者六人手錠申付、宿預ケニ申付置候処、同郡祢宜村庄屋致訴詔（訟）、急度相守り請印可差出旨申之ニ付、右請書取之手錠・宿預ケ差免シ申候、且道場看坊差置候節ハ前々陣屋江相願差置、其上人別帳江も差出候処、此度差置候看坊ハ願も不差出我儘ニ差置、人別帳ニも差出シ不申、殊ニ右村百性之内源助・甚右衛門・勘六・儀左衛門・権左衛門、右五人之者共義ハ申渡候義相守り候所、右五人之内甚左衛門・源助両人義ハ村中ニ而相掠住居茂難成程ニ仕候故、無是悲同郡多良村百性之内へ申付暫為引取差置候上ニ而、外百性共へ不相掠候様ニ再応申渡候上、相奴不仕様ニ取計い時山村江差遣置申候、是等之義吟味可仕与存候処、時郷之義主人新兵衛・高木内膳様・高木一学様御三給ニ御座候処、去年中時山村三給百性と右右（衍）五ヶ村百性と道場之義ゟ事発、高木一学様御知行所時山村百性共ゟ右五ヶ村百性共相手取及出訴、双方江戸表江罷出、毛利讃岐守（毛利政苗）様御吟味罷成候ニ付、新兵衛方吟味可仕義ハ差延置候処、右出入之儀本願寺論（輪）番并江戸宿共取扱内済致シ、尤本願寺ゟ申渡之義も有之、漸当十日落着仕候ニ付、依之右延置候吟味不仕、其分ニ捨置候而者外百性迄我儘仕候様ニ罷成、小家之新兵衛ニ御座候得者百性共我儘ニ而者仕方無御座候ニ付、此度吟味可仕与新兵衛奉存罷有候、然ルニ前々時山村庄屋方ニ致所持候書付共、先年写差出シ置候得共、紛失仕候も有之候処、右写差出候様十一月上旬庄屋江申渡候処、右出入中ニ組頭善助・前七と申者表立、時

山村三給百性共庄屋方へ罷越、庄屋手前ニ有之候水帳・諸書物等相渡候様ニ申懸候故、庄屋申候ハ、地頭江代々写差出置候間、相渡義難成趣申候得共、不聞入理不儘(尽)ニ押而請取候由庄屋申之ニ付、只今迄右体張勢(強情)我儘仕候義隠置候段不埒之旨申聞、右善助・藤七呼出シ、百性共我儘張勢義致候ハヽ、差留可申処、表立庄屋手前ゟ水帳、其上書付等取離候儀甚不届之旨申聞、取返シ庄屋へ相渡候様ニ申付候処、村中之書付ニ有之候間、不相成旨相答候ニ付、右両人之者共戸〆申付候候(衍)処、翌々日外組頭共訴詔ニ罷出候ニ付、用意(容易)ニ難差免候旨申聞候処、押而相願候ニ付、其方共義段々我儘相募張勢之義共致候故、此上吟味有之候間、其上ならてハ難差免旨申聞候得者、早束(速)罷帰候処ニ、同六日未明ニ百性壱人罷越門番へ申候者、廿八人之者共稼ニ罷出候旨申捨ニ仕候而罷帰候ニ付、門番ゟ役人共へ為相知候間、依之跡ゟ追掛ケ、願之義有之候ハヽ、何様ニも相願候様申聞候へとも、聞入不申出府仕候、然所、右廿八人之妻子共及餲(渇)命候旨、新兵衛陣屋近所江乞食ニ罷越候旨承知仕候ニ付、庄屋呼出シ少々宛も夫食等ニ而も可差遣旨申聞候処、庄屋ゟ右廿八人之妻子共へ右之趣申聞候へとも請不申候、及餲命候与申義甚不埒ニ而、乞食ニ歩候義も畢竟主人へ難題之様ニ奉存候、然処、大勢之百性共江戸表江罷出候義故、為御届乍恐奉申上候

一くわんとう屋罷越申候ハ、御百性明日出立可仕旨御請申候処、昨晩罷帰拙宅ニ而如何様了簡仕候哉、国元へ罷帰候義何分難仕候旨申、兎角御当地ニ而御吟味被下度候、願も御国元役人三人百性ニ被成被下度候、三人之役人ニ百性為致み申度なと申、私色々利かい(害)申聞候へとも、且而承透(マヽ)不仕候と申ニより、左候ハヽ、国元へ罷帰候義難成候ハヽ、難成と申口書差出可申旨宿ニ申聞、猶又随分宿も得心致候様申候へと申、不成義ならハ其趣之

書付差出候様ニ申候処、暮合比又々宿参り申聞候ハ、何分書付不仕候、何と申聞候而茂何分書付仕差上義ハ無之候、宿もかまいくれ不申候而取はなしくれ候へ、せんじ(千住)口へ参ひ(非)人となり候而、ふして居候而願可申旨申候由

一大坂屋茂兵衛ゟ尾へ向参候多良状相届ル、則武右衛門請取致遣ス

一児玉ゟ手紙、明朝か明暮合ニ参候様申来ル

▲三日　天気吉

一児玉へ武右衛門早朝ニ参候而国元之一件不残咄、其上此地へ罷越候而日々之訳咄申候へハ、児玉被申候者、拙者も一向手透無之御対面も得不申候、此間之趣如何哉と無心元存候処、御引渡しと申義ハ上々之御首尾御手柄之事と申義、武右衛門申候ハ、然所、百性共難渋申不帰わけ咄申候へ(ハ、欠カ)扠々不届成者、帰兼候も断と被申候、右ニ付帰国難仕候間、御当吟味ニ被成被下候へと伊右衛門へ願候而、何分申聞候而も承知(不、欠カ)仕候趣書付取之申候て相伺候積りニ御座候(旨、欠カ)申候へハ、成(程、欠カ)宜候、其節之伊右衛門殿御届書ヶ様申相認被呉候、若帰候ハ、直御老中・寺社御奉行へ出立之趣相届候様ニ被申候

一大坂屋茂兵衛ゟ尾州便り多良状相届ル、武右衛門請取致遣ス

一くわんとう屋百性共召連罷出(罷越申聞候ハ、昨夕ハ承知仕候へとも、又々帰国不仕と申)昨夕いろ〳〵申聞候へ共、承知不仕候ニ付二、三人召連罷出候旨申候ニ付、書付も不仕候へハ、押而申候ニ付而ハ懸出し可申も難計候ニ付、宿ゟ右書付不致趣之書付取之、御届ケハ如何哉、此義児玉へ相談可申間、今晩ハ心よく宿百性共ニ返シ可申旨致内談、相返候而伊右衛門・武右衛門児玉へ参候而右之趣咄申し候処、児玉被申候ハ、成程帰国致事難成と申書付不致候ハ、其趣宿之一札取之、其書付を以伊賀

殿へ御届被成候而、此伊右衛門殿御取扱趣可被仰候、伊賀殿ニ而断被申候ハ、右京殿へ御届可被成候、何様何れとか差図無之事有間敷と被存候、取上吟味か如何様致候而成共、在所へ引取候様可致と被仰候儀かと被存候、若如何様致候而成共引取候様被申候ハ、こふせい之者共ニ候故、得心不仕候間、手錠・あミ駕(籠、欠)ニ仕遣可申ゟ外致かた無御座、小身物之儀国御役義相勤申候故、此表ハ一向人も無御座私壱人不都合之、如何可仕哉と被仰可然旨被申、罷帰候

▲四日　天気吉

一関東屋代忠兵衛時山村百性三人召連罷越、伊右衛門逢候処、願差出候故、伊右衛門願書ハ請取不申、兎角国元へ罷登可申旨色々と得心致候様申聞候へとも、承知不仕、何分御前様御吟味被遊候而、御さいきやう(裁許)之御判付頂戴仕罷登申度旨計申、如何様申候而もかてん(合点)不仕相返シ申候而、色々内談仕、此上ハ宿へ申宿ゟ預り証文取可申旨申、宿預り証文差出候上ニ而宿へ申候ハ、右之通申候而得心不致候へハせひなき事、しかし、手前之吟味兎角請度旨心さしニ候間、此上ハ手前召連罷登候而、殿と手前御対申計いとらせ可申候、手前罷登ルと申事甚重キ事、御公辺之儀を取扱候手前故、御公儀江も御断申上候而百性召連登ル事甚大切之事ニ候間、其趣百性へ其方も可申候と申候へハ、宿申候ハ、御尤ニ奉存候へとも、何共かてん仕間敷とも奉存候、甚ふかてんの者共と申候故、伊右衛門申候ハ、ケ様ニ申候ニ得心不致候へハ何共がてん不行、然時ハ百性ひぶん之様ニ此方も存ル事と申候へハ、宿もおかしきかほ致居候よし、其上宿申候ハ、兎角御前様御直ニも被仰付被下候様ニ申候故、成程召連可出候、手前直可申渡候と申、相返シ候

一多良ゟ参因幡(生駒周防)様へ之御書・香気院様へ之御文二通、飛騨守様へ之御書一通、外御書二通、今日差上候事

一伊右衛門児玉へ参、右之趣咄、宿ゟ書付を取帰国承知不仕趣、明日か明後日御届申候而ハ如何可有之哉、願書も私へ差出可申旨百性申候、是見申候てハ如何無御座哉と相尋候へハ、それも受取御覧候而も可然と被申、成程御手ぬけハ無之候と被申、伊右衛門罷帰候

▲五日　天気吉

一関東屋百性共三人召連罷出伊右衛門逢候処、昨日被仰付候伊右衛門様御国元へ被召連候と申義、段々利かい申聞候へとも百性中得心無之、右之趣書付も得仕間敷旨被申、何分承知無之と申ニ付、伊右衛門百性共へ利かい申聞候へハ、私共御前様被召連候而御国元御吟味被仰付候処、殿様御直御吟味御前様被仰分、御役人中御立会ハ無御座候而も、御役人中被仰分相立候へハ又々出訴仕度候間、兎角御前様御壱人御国元へ御出被下候而殿へ御取入被下、私共願通相済候ハヽ、其上罷登可申と申、如何様申候而も承知不仕候ニ付、伊右衛門申候ハ、御国元ニ而御吟味之時役人申分立候様ニ御取さバき候へハと申、其方共殿様をうたかい申かとしかり候へハ、一言も不申候、猶又願書ニ役人ハたれ共無之候、其方相手取り候役人ハこれ〳〵と相尋候へハ、三輪武右衛門・小寺助右衛門・三輪代右衛門と申人と申候ニ付、それハ其方共も存候所、武右衛門・助右衛門ハ御用人役也、かりそめニも御家老・御用人と申者ハ重キ□□□（者也、其相カ）手を此方ニ而手前取さハきニ可成者と存ルかと□□□へハ、是も一言も不申候へとも、何分帰国を承知不仕候ニ付、宿ゟ書付取之、明朝児玉へ内談致御届申筈、宿書付差出処、左之通り

差上申一札之事

一当十一月廿三日、寺社御奉行松平伊賀守様江欠（駆）込御訴訟奉申上候処、御吟味之義、当月朔日ニ御地頭様江御

引渡ニ罷成候上、御留主居様被仰聞候ハ、江戸御屋敷様江《ニ》御役人方無御座、殊ニ其上御引渡之義ニ御座候へハ
国元へ罷帰、新兵衛様御直御吟味奉請候様再応被仰含候得共、何分国元へ不罷帰、江戸御屋敷様御吟味奉請、
私共願之通り被為仰付被下置候ハ、其上国元へ罷帰候様仕度奉存候、右之通被仰付候ハ、難有奉存候

明和元年申ノ十二月

前書之趣百性共御答奉申上候処、相違無御座候、左候ハ、其通書付印形差出候様被仰付候得共、其義も承知
不仕候、右之通少シも相違無御座候ニ付、私シ奥印を以申上候、以上

馬喰町弐丁目
関東屋
佐兵衛代
忠兵衛印

申ノ十二月

六日　天気吉

一武右衛門児玉へ参、昨日之趣申談候而御届之趣存寄申候而、尚又児玉存寄□□（承り、カ）、百性共願書も為見候処、先伊賀殿へ早速御届可然与被申候ニ付、今日伊右衛門宿之者ゟ之書付を以御届申積り
一四ツ時比尾州便り・多良□（ゟカ）之金子五両来ル、大□（田カ）屋与八ゟ相届武右衛門請致遣ス、安之右衛門・□□（佐左カ）（木村）衛門□（ゟ）□（添カ）状来ル、右両人ゟ児玉へ之書状来り、直ニ相届ケ候
一今日肴□（調カ）候而御樽代三百疋平八御使申付、忠吉ニ為持遣候
一伊右衛門七ツ比伊賀守様へ百性共帰国不仕、書付も不仕趣宿証文を以相伺ニ罷出候処、大橋五右衛門罷出書付一覧之上引候而、罷出申候ハ、此義ハ何分右京太夫様ゟ御引渡シ之義、其御手前も御座候間、此方ゟ少シも御

挨拶不成義ニ候、しかし、御壱人御□(難)渋之義気毒義、扨々不法千万成百性共如何様被成候共可然義と被申候由、それより右京様可参と存候へとも、及暮候故、ちやうちん借用なから勘八へ立寄委細咄候へ共、格別之了簡も無之、何分不急出義、夜ニ入候間、明朝御届被成可然与申ニ付、伊右衛門四ツ比罷帰候

七日　天気吉

(貼紙)
「高木新兵衛知行所
濃州時山村百性
弐拾八人

右之者共御願之筋有之由ニ而出訴仕候処、新兵衛知行所百性之儀ニ付新兵衛江御引渡被成候旨百性共へ被仰渡、則百性共御引渡被成被仰渡之趣奉畏候、依之百性共呼出新兵衛家来差添差登セ候間、早々在所江罷帰候様申渡候処、帰郷仕候儀ハ難相成候ニ付、御当地ニおゐて吟味請度旨申之候得共、此表ニおゐて吟味之筋ハ何レニ茂難相成、御奉行所被仰渡之趣難渋ニ相成、甚心得違不埒至極之旨再応理害申含江戸宿之者江茂得与理害申含得心為仕候様再応日々申渡候得共、何分在所江罷帰候儀者難相成由、強而申張候間、左候者右之趣書付差出候様申渡候処、是以書付差出候義不相成旨申之候故、宿関東屋佐兵衛ゟ右百性共申口之趣別紙之通書付差出申候、新兵衛儀在所ニ罷有候義ニ御座候得ハ、此表ニおゐて吟味之筋相成不申、旁以不法之申方御座候、此上如何取計可仕哉、依之留主居之者奉伺候、以上

十二月七日
高木新兵衛家来
藤牧伊右衛門」

一伊右衛門今朝日出[redacted]前ニ右京様へ罷出候処、御用人書付請取奥へ持行、出候而申候ハ、此義拙者迄被仰聞候へと

も、右京太夫へ申聞候処、其儀ハ何分国元新兵衛へ申遣、□□新兵衛了簡可申越候様と（公さいニ願候か何れ共可申越候間、申遣候様ニと）被申候間、新兵衛様
御手当も可有御座事ニ候間、何分可被仰遣と申ニ付、伊右衛門申候、国元へ申遣候而も新兵衛小□(身カ)物了簡も御
座有間敷候、罷登候へと申候より外も御座有間敷、何分気毒仕候と申候へハ、其元様御壱人甚以御難儀千万成
御事、気毒成義と申候由、伊右衛門罷帰申聞候（しかし、くわ急成義ニ候ハヽ、又右京大夫了簡も可有御座候へとも、差而くわ急成事ニも無御座候間、先新兵衛様へ可被仰遣候と申、伊右衛門畏罷帰候）
一今日右京様伺之上、尾州・多良へ書状相認、御役人御差下シ之趣共申、尾州江向遣、夫ゟ多良へ遣ス積り相認
候処、尾州飛脚一六之由、せひなく桑名飛脚急飛脚出申候、周(松井)右衛門・代右衛門御下シ被成候様申遣候事

八日　天気吉

一平八かつさヤ江右京様へ之あらましさし出され候御書付認呉候様申遣候、尤百性共伊右衛門へ差出候願書も遣
候而、存寄□(もカ)候ハヽ、書入呉候様ニ申遣候
一忠吉馬食(喰)町二丁目関東屋佐兵衛方へ今日七ツ時比百性不残召連参候様申遣候処、関東屋宿銭請取ニ参候ニ付、
百性共其方差置候而も手遠ニ候間、明日此方長屋へ引取可申間(ママ)、宿銭差引書付致百性召連可参候、尤七ツ時分
可参候、其節金子可相渡旨申遣候事
一関東屋百性共召連罷出、伊右衛門百性共ニ逢、其方共儀此表ニ而吟味相願候ニ付国元へ申遣候間、国元ゟ申来次
第何れへ共可致候、仍之其方共今晩ゟ御屋敷長屋ニ差置候間、其通可心得候、尤食米・ミそ・薪木、定を以相
渡候間、其方共にやき致候而、勿論火之用心大切ニ可致候、尚又両便之場所も差図為致候間、御屋外ハ勿論、
御屋内之儀も寄申間敷候と申渡、奉畏候事
一かつさヤゟ平八罷帰候処、かつさヤ申越候ハ、願書一覧仕候処、御用金御咎メ第一儀、然時ハ源右衛門閉門之

わけ得(篤)と相知レ不申候間、明日ニも御書付御見セ被下候様ニと申越候
一伊右衛門児玉へ参、此間之趣申談存寄為可承参候処、留主ニ而罷帰候

九日　天気吉

一平八今日かつさヤへ書物持参仕候
一多良ゟ書状到来、大坂屋ゟ九ツ時届ル、多良四日出之書状
一御咎メ先達而御□(免カ)被成候善助・藤七参候旨、八ツ時比御長屋ニ差置候百性共ゟ伊右衛門へ相達ル、伊右衛門両人を呼出シ、其方共如何様之義ニ而当地へ参候哉と相尋候へハ、両人申候ハ、私共両人ハ御国元ニ而御咎メ之者共ニ御座候処、御免被下置候ニ付、瀬左衛門様(土屋)へ御願申上候ハ、二十八人之者共罷出候も私共御咎メ故ニ罷出候趣ニ御座候へハ、御暇奉願候而尋参、未御公儀様へ不罷出候ハ、国元妻子共難儀之趣も為申聞、私共御免之儀も被申聞候(ママ)■(召)連罷帰度奉存候旨奉願候へハ、御聞届被下置御暇被下之、其上庄屋弥右衛門を以御関所御手形も被下置、路銀等迄可被下旨被仰聞候へとも、私共儀者御咎メ御免之訳二十八人之者共申聞候儀義理合ニ候へハ、私用之勝手と申者ニ候処、御上ゟ路銀戴候儀ハもつたいなく奉存、御暇ハ被下置候義故、御上江ハ不申上罷出候と申、伊右衛門尋候ハ、然ル時ハ其方共ハ御長屋ニ一所(緒)ニ差置呉候様之願ニ候哉、御公儀江願存意ニ而も候哉と申候へハ、私共願之儀ハ且而無御座、二十八人之者御公儀へ罷出居申候へハセひなく跡ニ付居申了簡、私共願と申ハ無□□(御座カ)候間、何卒御長屋ニ御差置被下候ハ、難有奉存候旨申候ニ付、伊右衛門申候ハ、しかし、其方共儀ハ訳違候、二十八人之者共御公儀ゟ御引渡之者共、其方共儀ハ国元ゟ手前へ添状も不参候ニ付、請取差置と申事ハ難成候へとも、乍去御知行所之御百性ニ紛レ無之故、長屋ニハ可差置候へとも、右申聞ル通、訳

違候者共故扶持シ置事不罷成候間、自分賄ニ可致候申候(と、欠カ)へハ、何分其儀ハ申上ル迄も無御座候、尤之御儀奉存候、一所ニ被差置被下候へハ難有と申、伊右衛門申候ハ、しかし、二十八人之内ニ而分ケ給候事を吟味不致、二十八人之外扶持も不渡候間、然者其心得ニ而可居申と申渡シ、二十八人者儀ハ其方共此表之様子不存事、其訳ハヶ様と申ハ、引渡ゟ伊右衛門段申含(々、欠)候処、国元へ不帰候ニ付御国元へ申遣候、了簡違ニ而可有と申候へハ、此義ニハ一言も不申候由、其方共も徳□(とカ)被申聞可然と伊右衛門申候へハ、私共左様ニハ奉存候へとも、あの者共之儀ニ御座候間、心底難計と申候由

十日　天気吉

一昨日参候松岡清兵衛へ之御書差遣候

一伊右衛門児玉江参、此間之趣咄候而、国元江申遣家老役之者一人、知行方懸役一人、武右衛門と両人ニ致候而、扨伺之趣ハ先達而御引渡之趣新兵衛江申遣候処、承知仕奉畏候、然ル所、新兵衛国元御役ニ罷有候へハ出府不仕候ニ付、右百性共吟味之儀、百性及難渋国元引取不申候時、小身者之儀故、取まとめ引取候事乍恐難仕候ニ付、新兵衛為名代家老役之者ニ申含候而差下シ、尚又百□□(性 共カ)相手取り候知行方役両(人、欠カ)差越、右家老役・留主居立会遂吟味□□吟味之趣一々相伺、尚又仕置等ニ可仕しぎニ相成候ハ、是以相伺之上御差図を奉請落着可仕旨、新兵衛申付越候旨相伺、此義右京太夫様思召ニも難相叶候ハヽ、御吟味被成下置候様奉願旨申付越候様ニ仕ル了簡、百性共何分帰国ハ不仕候ニ付、右右(衍)京太夫様江帰国不仕趣御届ケ申上候処、何分一先新兵衛へ申遣、新兵衛了簡も可有之間、留主居ゟ可申遣旨被仰出候、右之趣国元へ申遣候間、趣意御咄申度参致候と伊右衛門申候へハ、児玉了簡ニハ、其儀不可然被存候、其通御伺候ハ、左様ニ相成可申候へとも、御吟味被成候共百性口

書等致間敷候、口書不致趣御伺候ハ、ついほうニ而も可仕旨可被仰出候、御ついほう被仰付候共、右ついほうも請申間敷候、又々懸（ママ）なと致候へハ御上御吟味ニ可相成候間、以之外と被申候由、伊右衛門そこ〳〵ニ挨拶候、致由帰申聞候、武右衛門承之扨々児玉之了簡一ゑん得心難成、其上被申候ハ、御役人中御出府御入用ニ而御国元へ百性如何様被遣候様ニ可相成候、御役人中被下候入用ハ御物入之事ニ候間、其入用ニ而百性取まとめ被遣候方可然候と被申候由、伊右衛門両人之百性跡ゟ参候旨も咄候へハ、其者ニ被仰含国元ニ而如何様共望次第相成事ニ候間、罷登候様ニ申聞、二十八人共ニ得心致候様ニ申候へと御申候ハ、得心可致、其儀甚宜敷候（と、欠カ）被申候ニ付、伊右衛門申候ハ、私其趣ニ申聞候へとも中々二十八人之者共得心ハ仕間敷と申候間、此義埒明申間敷と申候へハ、何分国元ニ而如何様共致可遣と御なため候ハ、可帰（候、欠カ）間、御申候へと被申候旨伊右衛門罷帰申聞候ニ付、武右衛門承之、児玉を便（頼）りニ存候へハ以之外成了簡、両人之者共左様成義□ぶしニも難出候、存之外成者共国元ニ而如何様共致可遣と申口上申義候へハ申事ハ無之、百性丸かち、国元へ帰納り可申哉、それハ一向百性へあやまり申罷帰候と申者（ママ）、しかし、御上之首尾合悪敷候へハ又了簡と申事も候へとも、首尾合存之通り成ニかち懸り候出入をあやまりかへり候様成了簡、殊ニ伺之通可参候へとも、百性ついほう伺候ハ、其通りニ右京太夫様ゟ被仰付、ついほう之上及公訴候ハ、御取上ケと申事児玉口上ニハ難心得、大御老中様御差図を以仕候ついほうを公訴仕候迚御取上ケ之事、何か可被苦、又御取上ケも可有事か、其上役人之出府入用ニ而二十八人取りまとめ国へ遣候事、可成と被申候事難心得候、役人何程格式ニ致候而出府仕候迚、高弐千三百石之家老役・知行方役大方児玉積りも可有事、又二十八人手錠申付候へハ、極メ而駕（籠、欠）成取〆候者なれハ付人も知レたる事、此入用駕（籠、欠）代計も百両近キもの、惣たいニ而鳥とむね積りニ致候而も三百両ニ而ハ留り不申、た□□（と、へ、カ）御上御吟味ニ相成候とて此方ニ何くらき事か候、入用相懸り候とて程之知レたる事、願書之外ハ御取さハき無之事ハ（ママ）どの公

事ニも無之事ハ定りたる事、其儀ハたとへ尾州思召ニ違候とも拙者了簡ニあたい不申、御主人之御為存候へハ
左様成座ぬけ了簡御相談難成候間、何分多良へ申遣、早速周右衛門・代右衛門御差下シ候様之積り、百性共ハ
なまなか児玉了簡之ことく取りハからい候へハふくりん（覆輪）を懸ケ候道理、百性ハ何分今日まけ公事、なため申事
ハ且而無之、帰りたくてもかへられぬ、国元之しぎ合ハ見へたる事、及吟味候ハ、、如何様共了簡可有事、何分
児玉之了簡がてん不行、是ハ多良・尾州ゟ何分引戻シ〳〵と児玉へ立而御頼被越候故、跡ハ新兵衛様御難渋ニ
相成候共、百性へそんふんニ致遣候而成共、御国元へ御入用大分懸ケ候而成共、返シさへ致候へハ児玉全働ニ相
見へ候間、拙者児玉程之之（衍）者、拙者共之了簡ニもあざたき目前事被申候ハ、扨々あきれはてたる事と申候事

十一日　天気吉

一平八かつさ屋へ書付頼ニ遣候処、品ニゟ御返答書入間敷ものニも無之候間、武右衛門・平八参候ハ、相談致可
被遣申越候
一多良へ之書状相認尾州便りニ遣ス積り候所、児玉違ニ而桑名へ出ス、此書状ニ御印判封入遣候事、右書状今夜暮
過五ツ前比追啓出来致、十七夜へ四日切ニ出ス
一昨日ゟ時山者之内病人壱人有之様子ニ相聞へ候ニ付、伊右衛門ゟ相尋候而病人有之候ハ、可申出候、医師ニ而も
相懸候間、かくし不置此方へ可申出候旨申渡候処、昨日ハ夜ニ入余程相勝不申候へとも、今日ハ心能方ニ候と
申ニ付其分ニ致候事、此書状ニ御印判封入遣候事

十二日　天気吉

一尾州御屋敷三九郎《(小笠原)》様ゟ、鈴木安之右衛門・木村佐左衛門ゟ、先達而此方ゟ申上候廿弐日出・同廿六日出之書状返事来

一時山者伊右衛門へ罷出申達候ハ、病儀食事も給兼、今日ハ相勝不申候間、御医師様ニ御覧被下置候様奉願候旨申候ニ付、暮合前之殊《(事)》故、伊右衛門持合之さん薬遣候而医師可申遣候へとも、只今時分ハ宅ニハ被居間敷候間、明朝可参候、明朝見可貰間、随分中間気を付候様ニと申付遣候

十三日　天気吉

一武右衛門・平八かつさヤへ、御尋ニも相成候ハ、其節差出候返答書、尚又御国元ゟ被遣候筈之御書付、其外証拠物之引合万事承合等ニ参候而、暮合比罷帰候、真綿一包持参致候、長座ニ相成候故、支度・酒等出し候事

一伊右衛門方へ医師相見、時山者病人為見候処、脈てい悪敷、さし而ねつも見へ不申候へとも、何分脈悪敷相見候、平脈悪敷ものニ候へハ不苦候へとも、平脈を不存事故難計と申、薬調合致被呉候而用い候様ニ伊右衛門申付遣候

一多良ゟ十二月八日出之書状到来、是彦根御頼之筋不調ニ候間、先井伊様《(井伊直幸)》御屋敷へ参候義延引致候様ニ申来候

十四日　天気吉

一時山者伊右衛門へ申出候ハ、病人義御医師様ニ御覧被下、御薬被下置心よく御座候間、もはや御薬御無用ニ被成可被下と申出候

一平八かつさヤへ、書物頼ニ置候処少々間ニ合兼候事候ニ付、又々認ニ平八遣候事

十五日　天気吉

一石榑(石榑乗門)左源司昨日当着之由ニ而、明日増山様(増山正賓)御屋敷へ参候様ニ武右衛門方江手紙ニ而申来候ニ付、明八ツ時可参旨返事遣ス、木寺利左衛門ゟ之も(ママ)書状ニ、左源次(ママ)義此度ハ第一右之義ニ付出府ニ候間、徳と引合候様ニと内分申越候

一木村佐左衛門ゟ書状、尾州御屋敷ゟ来ル

一時山者病人未相勝候趣ニ相見候ニ付、伊右衛門ゟ相尋候ハ、未勝候様ニ相聞へ候、若病死致候者ハ其方共なん義と申者ニ候間、無遠慮医師ニ懸り可申候、此方ゟ可申遣候、かくし置申間敷候、薬礼之義ハ此方遣候間、其心遣ハ無之事ニ候趣申遣候処、心能御座候間、左様ニハ及不申候旨申聞候ニ付、其通りニ致置候事

一かつさヤゟ、右京様へ御国元ゟ被差出候あらまし之書付相認差越候

十六日　天気吉

一御国元ゟ右京様江被差出候書付今日八ツ時伊右衛門持参仕候而、御用人石嶋(石嶋敬隆)弥一右衛門江差出候処、請取候而此御書付ハ只今ニ而ハ不用ニ御座候へとも、先達而右京大夫被申候節御国元へ被仰遣、此度御越ニ付御差出之御事ニ候へハ、一覧可致候へとも、永(長)キ御書付ニ候間、御預申置徳とじゆくらん(熟覧)之上可得御意と申預ケ置申候、其上伊右衛門申候ハ、右百性共新兵衛屋敷之内へ引取置申候所、此間病人一(ママ)壱人御座候、此義御手前様迄御咄申置旨申候へハ、其儀者拙承(者、欠カ)置候而何之やくニ立申義ニ無御座候、急度御届被成候義ニ候ハヽ、御用番様へ御届可被成義ニも存候と申聞候故、伊右衛門申候ハ、此義急度御届ニも無御座候得共、若病死等も仕間敷義ニも無御座

候故、御手前様迄御咄申置候迄之義ニ御座候と申候へハ、それハ拙者承置候而不済義ニ候間、右京大夫江可申聞候と申候故、伊右衛門申候ハ、いや此義被仰上候而私不調法ニ罷成候義ニ候ハ、御聞捨ニ被成被置可被下与申候へハ、いや御不調法ニハ相成不申候と申奥江行、又罷出候而申候ハ、右京大夫江うすく申聞候へハ御引渡之上ハ宿ニ被差候（置、欠カ）とも、御長屋へ御引取候共、御勝手之御事、病人候ハ、御家来も同様之事ニ候間、薬服用之義も御勝（ママ）ニ可有御事、其義御届ケ可被成義ニも不被存候、或ハへん死等も候ハ、《有之候時為ニ》御届ケも可有之義と申聞候と《置被成候義を御無用とハ不申候と》申候由

一武右衛門義、八ツ比ゟ増山様御屋敷へ参上致候所、兼而用意有之様子ニ而、御門ニ而断候へハ案内致御物見之御長屋へ参、左源司ニ逢一通り挨拶致候所へ定右衛門（鈴木）も罷出、先あらまし咄候所へ、そは切り出候而給懸り候所へ、伊右衛門も兼而申合置候事、其挨拶致置候所、伊右衛門右京様を相勤候而直増山様御屋敷江罷越、定右衛門・左源司へちかつきニ相成、是も一所そは切り出候而、兎角酒ニ而無之候而ハ御心安不存と申事ニ而長座ニ相成、吸物・かさ食・酒之肴、又吸物出候而、其内武右衛門最初之之（衍）事共不残咄申候而、別而伊右衛門ハ此以後万事御心安御内談可被下旨申候所、左源次申候ハ、此度御在所ゟ御頼ニ付対馬守申付候而、兎角筆談ニ而ハ不済事故、私一刻も早ク罷下候様申付候と申義、定右衛門義、此義ハ随分之御世話可仕旨対馬守申越候ニ付、家老共も随分御世話可成たけ御談事申候様ニ申候と申義ニ而、甚以手あつき御事、それより断咄（ママ）合候処、定右衛門・左源次申候ハ、それハ御国元へ御引取相成候共、末々新兵衛様御手ニ合候者とハ相見へ不申候、兎角あまき事ニ而ハ不参候、定右衛門申候、幸右京様御役人石嶋弥市右衛門（ママ）ハ甚心安候間、是へ咄可申候と申、定右衛門存寄ニハ、兎角時山村少分之所なから百性甚張清（強情）我儘ニ而新兵衛御手ニハ合不申候故、時山村を被差上度思召之様ニ咄懸ケ可申候、左様程無之候而ハ参間敷候、此伺ハ如何石嶋へ内談致、此参兼候とも伊右衛門殿御心安石嶋へ被成候程ニ可遣候存意ニ候、御音物等入可申候、是右京様ハ殊外堅ク候間、請被申間敷候、品ニより拙

者方よりニ致候而成共遣様ニ致申請候へハ、甚宜候と申義故、其義何分可然様奉頼候旨申、此度之義ニ付対馬守思召新兵衛身に取り可申上様も無御座、御懇志之思召各様御心遣御しんせつ成義故、新兵衛義不及申ニ拙者共迄も安心仕候義忝次第ニ奉存候と申、呉々相頼四ツ過九ツ前ニ相成罷帰候

一御国元ゟ右京大夫様江被差出候あらまし之御書付、左之通

美濃国石津郡時郷之内下村・打上村・堂之上村・上村・細野村・時山村、右六ヶ村百性共近年風儀悪敷家業不清ニ仕、其上法恩(報)構(講)或ハ法事等ニ而人集メ仕、夜中永咄仕候趣相聞候ニ付、依之六ヶ年以前卯年(宝暦九年)、右百性共家業出清仕、勿論人集メ不仕、殊ニ夜中永咄無之様ニ可相慎旨、右六ヶ村百性共江以書付申渡候処、下村・打上り(ママ)村・堂之上村・上村・細野村、右五ヶ村百性共得心仕、申聞候趣庄屋・組頭江請印出之、尤私陣屋江庄屋・組頭共ゟ請書差出候処、此度罷出候時山村庄屋・組頭・百性共承知不仕請書差出不申候、且寺院江死滅等之節病死・変死相糺法墓(葬)り候様申達候処、右時山村百性共心得違仕道場を寺之様相心得候哉、死滅法事之節旦那寺江相届ケ不申候ニ付、右之趣相改候儀も難仕旨寺院ゟ申出候間、依之右時山村百性共陣屋江呼出し、公儀御定法相守農行(業)出清仕、勿論死滅法事等之節旦那寺江相届候様申渡、清印(請)差出候様申候得者、却而過言等申候ニ付難捨置、三拾八人之内頭取ヶ間敷者六人手鎖申付、宿預ケ申付置候処、同郡祢宜村庄屋致訴訟、急度相守請印可差出旨申之ニ付、右請書取之手鎖・宿預差免申候、且道場看坊差置候節ハ前々陣屋江相願差置、其上人別帳へも差出候処、此度差置候看坊ハ願も不差出我儘ニ差置、人別帳ニも差出不申、殊ニ右村百性之内源助・甚右衛門・甚六・儀左衛門・権左衛門、右五人之者共儀ハ申渡候義相守候処、右五人之内甚右衛門・源助両人儀ハ村中ニ而相掠住居も難成程ニ仕候故、無是非同郡多良村百性之内江申付暫ク為引取差置候上ニ而、外百性共江不相掠候様ニ再応申渡候上、右之者共時山村江相帰シ申候処、今以右五人之者共突

合不為致、難儀為仕候故、是等之儀も吟味可仕与存候、然処、時郷之儀高木新兵衛・高木内膳・高木一学三給ニ御座候処、去年中時山村三給百性共与右五ヶ村百性共と道場之儀より事発、高木一学知行所時山村百性共ゟ右五ヶ村百性共相手取及出訴、双方江戸表江罷出、毛利讃岐守殿御吟味ニ罷成候ニ付、吟味可仕儀者指延置候処、右出入之儀本願寺輪番并江戸宿共取扱致内済、尤本願寺ゟ申渡之儀も有之候旨ニ而、漸当十月落着仕候ニ付、依之右延置候吟味不仕、其分ニ捨置候得ハ、外百性迄我儘仕候様ニ罷成、小身之私ニ御座候得者百性共我儘ニ而ハ仕方無御座候ニ付、此度吟味可仕与奉存罷有候、然処、時山村庄屋弥惣右衛門前々ゟ所持仕候書付共、先年写差出置候得共、紛失仕候も有之候故、依之右写差出候様当十一月朔日庄屋呼出申渡候処、右出入中組頭善助・藤七と申もの表立、時山村三給百性共大勢庄屋方江罷越、庄屋所持仕候水帳其外諸書物相渡候様申懸ケ候由ニ而、庄屋申候ハ、代々所持致来地頭所江も写差出置候間、相伺候上ニ而無之候而者難相渡段申候由ニ候得共、不聞入理不尽ニ押而相渡候様申候ニ付、無是非相渡候由庄屋申之ニ付、唯（只）今迄右体強勢我儘仕候儀隠置候段不埒之旨申聞、同二日善助・藤七呼出、百性共我儘強勢之儀致候ハ、差留メ可申候処、表立庄屋手前ゟ水帳其上書付等取離候儀、甚不届之旨申聞候上ニ而、庄屋江相渡写為差出候様申候処、村中之書付ニ有之候間、不相成旨相答候ニ付、右両人之者共戸〆申付、猶又庄屋儀も右体之始末ニおよひ候儀隠置候段不埒候間、致遠慮候様申付置候処、同四日ニ外組頭共訴訟ニ罷出候ニ付、用意《容易》難差免候旨申聞候処、押而相願候ニ付、其方共儀段々我儘相募強勢之儀共いたし候故、此上吟味有之候間、其上ならでハ難差免旨申聞候得ハ、早速罷帰候処ニ、同六日未明ニ百性壱人罷越門番江申候ハ、廿八人之もの共稼ニ罷出候旨申捨ニ仕候而罷帰候ニ付、門番ゟ役人共江為相知候間、依之跡ゟ追掛ケ、願之儀有之候ハヽ、何様ニも相願候様申聞候得共、聞入不申出府仕候、然処、右廿八人之妻子共及餲（渇）命候旨、陣屋近所江乞食ニ罷越候旨承知仕候ニ付、

庄屋呼出少々宛も夫食等可差遣旨申聞候処、庄屋ゟ右廿八人之妻子共江右之趣申聞候得共請不申、餲命ニおよひ候と申儀甚不埒ニ而、乞食ニ歩候儀も畢竟地頭江難題之様ニ奉存候、右有増如斯ニ御座候、以上

十二月四日　　　高木新兵衛

二　御用日記　二番（明和元年一二月一七日〜閏一二月一一日）

「（表紙）
明和元年甲申十二月十七日ゟ
壬（閏）十二月十一日迄
日記　弐番
但、江戸表ニ而時山一件書留也」

十二月十七日　天気吉

一松平右京大夫様（松平輝高）御用人中ゟ申達儀有之候間、只今御一人御出可被成旨右京大夫申付候と申来、則御請相認為持遣候処、暮合比ニ而追（ママ）伊右衛門（藤牧）参上仕候処、一昨日御差出被成候御国元ゟ之御書付致しやく覧、此節不用故御返シ申候と申、被相返候ニ付伊右衛門請取帰候事

十八日　天気吉

一鈴木定右衛門・石檜（榑）左源司（石榑乗門）江一昨日之一礼旁両方江肴一折宛遣、伊右衛門・武右衛門（三輪）連名之手紙ニ而申遣候、尚又御届書之義ニ付内談致度義有之候ニ付、御逢可被下哉と定右衛門へ之手紙端書ニ致遣候処、明日ハ主用御

座候間、今夕御出可被成候と申来ル
一かつさヤ（上総屋）太右衛門見舞候ニ付干菓子出、酒給不申候ニ付

十九日　天気吉

一今日ハ別儀無之候

廿日　天気吉

一尾州便りニ多良ゟ之書状到来、十二月十六日尾州出之書状也
一石檜左源次（ママ）相見へ、伊右衛門宅ニ而両人逢候処、左源次申候ハ、先達而得御意候通り、鈴木定右衛門儀石嶋（石嶋敬隆）弥一右衛門江手紙遣候処、昨日参候様ニと申儀ニ付、定右衛門昨日右京大夫様江罷越、石嶋へ申込候処、石嶋罷出外座敷ニ而対面致御引合申候通り可咄申候所、石嶋申候ハ、百性（姓）共訴状ニ者御用金之儀申立相見申候、此間新兵衛様（高木篤貞）ゟ御差出之御書付ニ者寺法之儀第一ニ而、御用金之儀ハ相見不申候、此行違如何之儀哉と申候由、定右衛門存ヶ間敷ハ難被申儀故、其儀ハ挨拶ニ不及候、伊右衛門儀者組合も無之壱人役、殊ニ御小身之御事ニ候へハ、万事不都合承合旁以甚難儀仕候間、以来御心安御用向御頼申上度之旨咄置申候間、先達而も御引合申置候通、三百疋くらい被遣被置候而御出被成候ハヽ、御聞合事ハ相成可申候、右三百疋も定右衛門方へ被遣候ハヽ、相達可申候申（ママ）義ニ御座候と咄申候而、尚又伊右衛門殿へ書面も定右衛門差越申候と申、定右衛門手紙ニ委細伊右衛門へ申越候事、定右衛門義可参候へとも、対馬守（増山正賛）一家中之内ニ急病人出来ニ而罷越候ニ付、無其儀御断申入候と申義、尚又左源次内々申聞候ハ、定右衛門了簡之通り時山村を被差上候様被成度と申義、是以急ニハ参間

敷事ニ被存候、又御手前御吟味ニ而も張清（強情）成百性共ニ候間、何角と御間取りも可有之候、殊ニより又候公辺御吟味ニも相成候へハ、何程相懸り可申哉難計候、其時ハ何角と金子も御入用多、御引取被成候程之義ハ入可申哉難計、却而御難渋ニも相成可申様ニも被存候間、拙者存寄ニハ大垣・桑名・対馬守三所江御頼被成候而御引取之方可然存候、是も御公辺へ遠慮も候而引請かたく候ハヽ、それ程之御入用金御割合御無心ニ成共、成間敷事ニも有之間敷哉ニも被存候間、左様ニ被成候而手錠・あミ駕（籠、欠）ニ而御引取之方可被宜奉存候、此義定右衛門な□□（と江、カ）私申候旨ハ必々御用ニ被成可被下候、任御懇志ニ得御意候と申聞候、酒・吸物・そは切り出し申候而緩々咄帰り申候事

廿一日　天気吉

一尾州便りニ而多良ゟ当月十二日出之書状并ニ尾州御役人中ゟ書状、今日八ツ時到来、但し、多良ゟ之書状十二月十二日附、尾州御役人書状ハ十二月十五日附也、右ハ尾張様（徳川宗睦）へ三百両拝借御願被成候而百性共御引取之積り申来、願之品者万端児玉（繁右衛門）へ内談之上、何れへ共仕候様申来候

一暮比過児玉へ伊右衛門・武右衛門内談ニ参候処、今日紀州様（徳川宗将）出火ニ付児玉も在宿無之、明朝も程難計様子ニ付、御書差置候而明晩可参旨申置帰候

廿二日　天気吉

一児玉氏ゟ手紙到来、夜前御出候へとも、主用ニ而在宿不致残念存候、今晩御出可被成旨被仰置候へ□（と）も、今晩も御用之儀候間、明晩御出可被下と申来、左候ハ、明晩伺公（候）可仕与申遣候

一伊右衛門、右京様・伊賀様（松平忠順）へ御国元ゟ御直御請御状・御口書持参候、右京様ニ而ハ右京大夫登城致候間、帰宅次第可申聞候候（とカ）申請取候由、伊賀様ニ而ハ追而可申聞と申請取候由、御状・御口上書左之通

一筆啓上仕候、私知行所濃州石津郡時山村百性共出訴仕候ニ付、御届申上候処、私知行所之者ニ御座候間、御引渡被下候段、去月晦日御附札ヲ以被仰渡、早速在所江申越、承知仕奉畏候、右御請為可申上捧愚札候、恐惶謹言

十二月十一日　　高木新兵衛

松（平）右京大夫様

参、人々御中

口上之覚

私知行所濃州石津郡時山村百性共出訴仕候ニ付、御届申上候処、去月晦日家来者被召呼、百性共御引渡被下候段松平右京大夫殿被仰渡候ニ付、右百性弐拾八人御引渡被下、早速在所江申越、承知仕奉畏候、右御請為可申上以使者申上候、以上

十二月廿一日　　高木新兵衛使者
藤牧伊右衛門

右之通松平伊賀守様へ御口上書を以伊右衛門相勤候、罷出候間、追而可申聞候と申義

廿三日　天気吉

一暮合比ゟ児玉江伊右衛門・武右衛門罷越、在宿故逢候而一昨日多良・尾州ゟ到来之書状之趣尾州様へ拝借之義

申出シ候所、百性共ハ追而参候両人共帰郷之様子相見不申哉と被尋、何分帰郷之気色ハ無之□(旨カ)申候て、段々御内談申上候通帰郷ハ不仕候間、右尾州様ゟ金三百両拝借奉願候通被成下置候ハヽ、手錠ニ仕取まとい候而引取可申と存□(候カ)旨申候へハ、児玉被申候ハ、十六日出之御状ニ何共申不参候と被申候故、成程十六日出之書状ニハ周(松井)右衛門罷下り申趣申越候へとも、追而書ニ貴公様御状参候故、多良へ一先相尋、多良ゟ之差図次第可致と申越候と申候へハ、児玉十郎左衛門様(遠山景慶)ゟ之御書よミ為聞被申候而、尾州之趣ハ公訴《さい》の様ニ相見へ申候、多良之思召難計候、何分周右衛門殿御下りか御状参候か近日御沙汰可有之候間、一左右御待可被成候、尤御使者ニ而御口上書可然候、因幡(生駒周房)能存居候間、因幡へ御勤可然候、然時ハ御□(状)ハ先達而御直筆参居候間、御口上書可然候、右安(案)文拙者相認可進候、其内御左右可有之候間、御見合と被申候故、児玉了簡ニしたかい罷帰候

廿四日　天気吉

廿五日　昨夜八ツ比ゟ雨天、明方ゟ雨止ミ曇り

一伊勢屋へ周右衛門着之節之内分申置

廿六日　天気吉

一多良ゟ書状到来、紀ノ国屋ゟ届ル、一覧致候処、周右衛門先日ゟ尾州ニ逗留主之所、多良ゟ御下知ニ付弥尾州出立、六日・七日ふり□□(二而、カ)大方ハ廿七、八日江戸着之積りニ申来り、尤百性共何分一先御引取之思召之由ニ而伊右衛門へ御直之御下知御書到来、右御下知御書得(篤)とよミきかセ、伊右衛門召連罷下り候様ニ可仕旨周右衛門ゟ申来ル、左候而も承知不仕候へハ、周右衛門着之上利かい(害)為申聞、帰郷仕候様ニ可致との義、右之書状今暮

合ニ着故、もはや周右衛門着ニ間も無之、尚又御下知御書拝見仕候処、ちと御文こん（言）之内ニ周右衛門着之上承
度義も有之候故、周右衛門着迄申渡見合候積りニ伊右衛門・武右衛門申合候事、尤周右衛門着之節、時山者も
居候故、伊勢屋へ着可致旨申来り候ニ付、則伊勢屋へ内分頼置、夜ニ入御屋敷へ引うつり之積りニ致置候事

一かつさヤ太右衛門ゟ見舞人差越、如何御沙汰も無御座、御役人様方御当（到）着被遊候哉、無御心元御吟味之一通り
も被遊候哉、御見舞申上度候へとも、甚多用故平八（三和）殿□（迄カ）以手紙御尋申上候と申越候事

廿七日　天気吉

廿八日　天気吉

一石檜左源次ゟ手紙参候処、此度之義ハ留主居定右衛門江委細対馬守申渡、各様へ御引合而已ニ罷下候義故、委
細先日緩々御立会申候間、国元用事も時節柄差懸候故、明廿九日出立致国元へ引取申候、仍之御出被下候様成
義重々御断申候、出立ニ付外へ罷出候所々も御座候間、必々御用捨可被下と申来候故、任断念比（懇）ニ返答認、殊
両人共不勝ニ候故、甚失礼之旨及断、尚又定右衛門殿へ被仰置被下度と申義共、尚又先日御引合申候石嶋氏
へ音物之義も宜時節鈴木氏ゟ御差図被下候様ニ被仰置可被下申義、尚又多良へ之書状被仰下置奉存候、此義も
昨今之内周右衛門存寄ニ付当着之積りニ申越候故、周右衛門着後差出申度候旨、周右衛門着致候ハヽ、追々定右
衛門殿へ御内談可申上候間、宜御頼被置被下候様ニと申遣候事

一時山者御門外へ不出様ニ追々申付置候処、又々此間出候様子ニ付、伊右衛門へ呼候而急度申付候事

一松井周右衛門今日九ツ比着、先達而弥三八（東山）□手紙被差越、着義如何可致哉と申来り候故、時山者差留メ置候間、
直ニ伊勢屋へ着之積りニ申遣、伊勢屋へ着ニ而伊右衛門・武右衛門参咄合、伊勢屋吸物・酒・そはきりふるまい

中候而、夜ニ入御屋敷うつり之事、万事明日得と相談之上百性共へ何れ共申渡之積りニ致候事

廿九日　天気吉

一今朝ゟ周右衛門・伊右衛門・武右衛門内談仕、弥以御下知状之趣為申聞可然旨ニ治定仕り、明日周右衛門・伊右衛門立会申渡筈ニ落着仕り候事、其外万端申合、若御下知状ニ而も得心不仕候ハ、もはや公さいか、尾州様へ弥相願金子調之上、手鎖・あミ駕(籠、欠)ニ而御国元へ引取積りニ□(決)着之事

一周右衛門今晩四ツ過小田原ゟ着之趣ニ取計い候事

壬(閏)十二月朔日　天気吉

一三人相談之上、弥今日御下知状為申聞候積りニ致、四ツ比ニ周右衛門・伊右衛門御居ニ而立会、百性共不残呼出、先周右衛門伊右衛門へ向申渡候ハ、此度時山村百性共及出訴候所、大御老中様右京大夫様ゟ被仰出、松平伊賀守様ゟ御引渡被成候処、其元ゟ御国元へ被仰上、則御請被仰上候而、則右百性共へ其元ゟ早速帰郷仕、御直御吟味請候様被申渡候所、百性共難渋申帰郷不仕候由御国元へ被仰上、仍之此度拙者被仰付、其元へ御下知状被遣之、百性共へよミ為聞、得心之上其元召連被罷登候様ニ被仰付候間、御下知状拝見之上百性共□(へカ)よミ為聞、利害被申聞召連罷登可被申候と申、御下知状うや〳〵敷伊右衛門へ相渡候へハ、伊右衛門つゝしんで頂戴仕、百性共へ向、是ハ不被軽義、つゝしんで承り候へと申、一通り自分拝見仕百性共へこへ高ニよミ為聞、於是ニハ違背ハもはや有間敷候間、御請申上早速帰郷可仕候、手前召連罷可登候と為申聞候へハ、一言物をも不申や、久しくたまり居候故、御請ハ不申上候哉、如何と伊右衛門申候へとも、何共不申候故、仍之周右衛門申候

ハ、御請不申上候哉、何共不申居候而ハ不済事と申候へハ、百性仙蔵申候ハ、百性何茂もの不申候ハ先達伊右衛門様へ御願申上候通り、百性共三人之役人故乞食と成候而御当地へ罷登候事ニ候へハ、御国元へそ状之通り仰被遣候而役人御吟味之上、私共願通被仰付候様被仰越候ハヽ、罷登可申候と申候故、それハ其方共甚以了簡違成義ニ候、先存而も見候へ、前件申通り公儀より殿様へ御引渡と申事、其方共訳を不存故、左様ニ不法成事を申候、是ハ甚重キ事ニ而、かりそめニも殿様へ御直御引渡之事ニ候間、殿御直御吟味ニ無之候而ハ不済事、それをなんそヤ、伊右衛門ニ而取次吟味ニ而ハ公儀へ之恐レと言可成事ヤ、又殿様も是迄之通りニ存候哉、此度ハ公儀伊賀守様御さハき之所、御上より被仰出御引渡ニ相成候へハ、殿様ハ寺社御奉行も同前之事、仰を被蒙候事、其殿様御国元ニ被成御座候事ニ候へハ、罷登候上御直ニ御吟味被仰付、利（理）非明白ニ御糺可被下と申御下知を相背候へハ重ざい（罪）と申者（ママ）、其方共何方へ出候而も不済事□（ニ、カ）候間、御請申可然事ニ候、大切之場所ニ候間、得と了簡致候へと申聞候へとも、兎角得心不仕、何分帰郷ハ不仕候間、御国元へ被仰遣、私共願通り被仰付被越被下候ハヽ、直ニ罷登可申候、又役人之申訳相立候ハヽ、私共ハ直ニ此表ニ而伊賀守様へ御願申上候心底ニ御座候、国元ニ而ハ庄屋ハごくとう（極道）ニ而願呉候々す（ハ）、三人之役人ハとろぼう（泥棒）ニ而御座候間、何分帰郷ハ不仕と申候ニ付、其儀ハ殿様御直御吟味可被下と御下知状被下置候ニ何を申事哉候（ママ）、慥成事と申候へとも何分不法之事計申承知不仕候ニ付、周右衛門申為聞候ハ、其方共ハ甚以了簡違ふひん（不便）成事ニ候、能々了簡致み候へ、先達御引渡ニ御奉行所ニ而御請印形差上、其上又候殿様御下知状を相背、重さい之事ニ候、是非得心不仕候へハ、無御拠右京大夫様へ其趣殿様ゟ御届被仰上候へハ、そしやう（訴訟）ハ扨置、右両度之違背之重ざいニ而決而入ろう（牢）可被仰付、然時ハ殿様ゟ御わひ被仰上候ハかく別、外ゟ一言申事ハ不成、永ろうニ相成候事違ハ有間敷候、扨々不了簡之者共と申候へとも、何分得心不仕、もはや是非なき趣ニ付、其方共兎角気登り候而急ニ了簡出（来、欠カ）間敷候間、退候而徳（篤）と了簡致候へと申、為引候事、右之趣ニ候故、もはや何分得心ハ不仕候趣ニ候間、此上ハ相届候而手鎖・あミ駕《（籠、欠）》と相見候、又ハ公さい御願か、伺之上此方ニ而役人吟味か、三ツニ一ツと相見へ申候故、三人内談致候所、ヶ様之上伺之上役人吟味ニ而ハ参間敷候間、先右之趣多良へ申上候而、右京様へ之伺方・尾州様へ之願方書付致み候事と申、伊右衛門・周右衛門是取懸り

一多良へ之書状、御下知書承知不仕之趣武右衛門相認、尾州へ向差出ス

一周右衛門・伊右衛門・武右衛門内談之上、兎角役人吟味ハもはや不成趣、公さいも永引可申程不知事故、不入もの、兎角手鎖・網駕《（籠、欠）》ニ而厳敷引取候方可然、尚又御国元ニ而之御吟味方万事伺書・尾州様へ願之品共書付致取しらへ吟味、今晩児玉内談之事と申、書付共致取しらへ候而周右衛門・伊右衛門両人児玉へ内談参候処、在宅ニ而児玉ニ逢、両人今日之趣咄申候処、御下知をも承知不致候事甚以不埒千万成義、もはや手鎖・駕《（籠、欠）》ニ而御引取か公裁ニ御願被成候か、外ニ被成方も有間敷候、しかし、公裁御願□《（ハ、カ）》不容易義、永引之程年数懸り可申程難計、手鎖ニ而御引取之義ハ御安心之事ニ候へ共、御国元御吟味随分御手抜なき様ニ不被成候而ハ、追而御ついほうなと被成出訴致候へハ、品ニより御取上も有之事ニ候へハ、其時御国之御吟味と御公裁同様ニ参候へハ百性重さい故、甚以御地頭宜御座候、又御地頭之御吟味不行届事候へハ甚御不首尾ニ相成候故、御念可被入事ニ候申《（と、欠カ）》候、乍去先御引取之方ハ差当り御安心之事と申候、尾張様へ御願案文も認可進と被申候由、先周右衛門殿、生駒へ御使者明日・明後日之内御勤可然と被申候由ニ而、右京様御役人へ内聞合之書付ニもてんさく《（添削）》致呉候由、委細之義ハ周右衛門日記ニ有之候事

二日　天気吉

一鈴木定右衛門へ伊右衛門手紙遣、一両日中ニ参上可仕候間、御逢可被下候と申遣候所、返答ニ今日ハ罷出候間、
明日・明後日之内御出可被下候と申来、尚又今日風与御見舞申事も可有御座候と申来り候故、其用意致候所、
九ツ前相見候事
一多良ゟ御用状到来、金子五拾両相添来り、大田屋与八ゟ届ル、則左之通請取致遣ス、覚、一土屋(土屋安郷)瀬左衛門・
小寺助右衛門・大嶽(大嶽久郷)弥部右衛門ゟ之書状壱封、金子五拾両添、右之通慥ニ請取申候、以上、申壬十二月二日、
大田屋与八殿、三輪武右衛門印
一定右衛門相見候ニ付、吸物・酒・蕎麦切り・かさ食出し、用談ニ而夜ニ入四ツ比迄居申候、百性共御下知状ニ而
も得心不仕候ニ付、弥以手鎖・駕(籠、欠)ニ而引取之存意共、それニ付御国元ニ而御取扱之訳共、伺之書付共見セ、御
下知御状も見セ、尤何茂持参致被呉候様ニ申、右を前嶋(前嶋長良、佐野長良)へ御内談被下候様ニと相頼候へハ、承知ニ而定右衛門申
聞候ハ、右之内談も見合可致候、しかし、形部卿(一橋宗尹)様御忌中之中ハ何事も相済不申候、御明次第御取懸り可被成
候、諸方ゟ御肴もより申様ニ不成内ハ、率爾之義ハ却而仕くじり成申候間、左様ニ御心得と申候、石嶋へ音物
も其内見合被遣候ハヽ、目録宜可有御座候、私相届可申候、受候得ハ宜、返シ候ハヽ、先其分ニ被成被置、又折を
見候事と申候

三日　天気吉

一竹腰(竹腰勝紀)様江御使者一通りニ相勤候事、因幡様江御使者、御肴一折同人相勤候事、御口上書ハ周右衛門日記ニ有
一関東屋寒気見舞ニ伊右衛門へ参咄申候ハ、御百性ハ未帰候哉と申候ニ付、伊右衛門未帰郷承知無之と申候へハ、
如何様帰郷ハ仕間敷、私も色々と申候へとも得心不致候間、承知ハ仕間敷□(候カ)、角兎御百性存意ハ御三人之御役

人中御知行方御役御取上ケニ相成候へハ直ニ登可申候、外望ハ無御座様子承候、あの趣ニ而ハ一向御公訴ニ被成
候方も可然哉、左候ハヽ入ろうも可被仰付哉、若又御役中悪敷趣相成候ハヽ私伊賀様之御役人中求馬様(大井)御心安
御座候間、何分内済ニ可仕候と申候へとも、是ハ兼而見請候処、此者油断難成と申事ニ候事
一明日尾州・多良江御用状出候積り、則相認飛脚屋へ遣候所、明日ハ飛脚無之旨、明後日出シ可申候、尤幸便出
来候ハヽ、明日出シ可申旨申越候事

四日　天気吉

一生駒因幡様ゟ昨日御使者之之(衍)御礼、御口上書ニ神谷源十郎手紙を以周右衛門へ使ニ而来ル、周右衛門源十郎へ
返事相認、委曲承知仕在所ニ可申遣と申遣候事
一周右衛門増山様(増山正賛)江罷越候処、今日ハ御用出来ニ付御役人中御取込故、道迄断之手紙参、道ニ而致承知帰候而、又
神田橋へ参上之事、供廻り若とう一人、草履取・道具持、委事ハ周右衛門日記ニ有り
一平八かつさヤへ御関所御手判之訳、外ニ内聞合候事有之遣候事
一周右衛門・伊右衛門暮過五ツ比ゟ児玉へ罷越内談致候処、尾張様へ之拝借願・生駒様へ之御口上書案文児玉相
認、何角内談致罷帰候、委事ハ周右衛門日記ニ有り

五日　天気吉

一周右衛門九ツ比ゟ増山様江罷越候而役人中ニも逢被申候由、定右衛門長屋へも参候処、定右衛門ハ兎角御引取
ニ付而ハ手鎖・駕(籠、欠)と申候て、死身強勢(情)之者共道中之わけ無心元と甚気遣い候よしニ而、兎角定右衛門了簡ニハ時

山村弐十石を差上度と申事可然と申候由、何茂内談致候処、是ハ甚対公辺へ可被悪と申候事故、明日ハ大坂(垣)御留守居へ内談可致と今晩伊右衛門手紙国枝彦之進方へ遣候処、明日九ツ前ニ参候様ニ申来候事ニ付、今晩書付しらべ候而明日参候積り之事、委事ハ周右衛門日記ニ有り

六日　天気吉

一周右衛門・伊右衛門大垣御屋敷国枝彦之進方江罷越候、両人彦之進ニ逢候而処書付等見セ委細咄候処、彦之進委細を聞候而申候ハ、扨々御小身ニ不相応成大人数、甚御難渋成義嘸々御心遣成御事、何分私石嶋ハ心安、殊ニ采女正(戸田氏英)と右京殿ゑん類、又右近将監(松平武元)様御用人ハ当屋敷出之者ニ而甚心安者故、是江茂咄可申候、今日ニ而ハ右近様御筆頭、殊きれ宜、右京様ニ而も右近様へ御相談なき事ハ重立候事ニハ無之候、右近様御用人へ何分伊右衛門殿御心安可致候、何分其義ハ大名仕事ニ而中々御手ニ合申間敷候、大名ニ而も弐拾人之余之事ハこまり申候、たとへ手鎖ニ而御引取候共、道中ニ而我儘申駕籠等ふミヤぶり、或ハしたを(舌)くい自滅なと致間敷ものニも無之、其上御在所へ御引取之上御吟味御仕置も我儘申、思召様ニ不参時ハ又公訴と申者、(ママ)是以すなをニ下り候共不申時、あとへも先へも参らぬもの、何共御難渋成ものニ候、先内分を承り見可申候、今一応帰国不仕候訳御呵せ申様成義成間敷ものニも無之候哉と被存候間、何分承合可申候、嘸々御心遣、何事ニ而も御用等可被仰聞候、役人共へ可申聞候と申、殊外叮嚀ニ取扱之由、委事ハ周右衛門日記ニ有り、何方も右之趣ニ付三人色々と了簡致及内談候処、右国枝内々聞合呉候様ニ申置候上ハ、今一応御奉行所ニ而帰国不仕義御呵被下、御威光恐レ帰国仕候へハ重畳之事、不恐時ハ公裁と申者ニ一決申合、御国元へ右之趣申可遣と書状相認、向重便ニ弥以公裁申上候ハヽ、直ニ代右衛門義出立被仰付候様相認、今晩九ツ前迄ニ出来致尾州へ向遣、尾州ゟ多良江仕立飛脚を

以被遣候積りニ申遣候、右尾州飛脚屋へ遣候事

七日　天気吉

一伊右衛門今日本庄へ寒中伺ニ参上仕候ニ付、次(序)而ニ若公裁ニ相成候ハヽ、利非ハセひなぎ(ママ)ニ御座候事、事早ク相済候様ニ御こへ被懸被下候様豊後様(水野忠友)へ本庄様御頼被成被置被下候様之御咄も申上候筈

一国枝彦之進江周右衛門以手紙昨日之乍一礼肴一折遣候事

八日　少々曇り

一昨日伊右衛門本庄江罷越、寒中伺申上候上、此度之一件御尋、尚又増山様一通りも申上候処、智窓院仰之趣左之通、此度之百性出入甚以大切ニ而、新兵衛殿家ニかヽわり候事も可有候、親類ハ何れへ内談致候事哉と御尋御座候ニ付、伊右衛門申上候ハ、御親類様と申候而外様ニも只今ニ而ハ無御座、新五兵衛(山田)なとへ相談仕候義ニ御座候と申上候へハ、此義ハ大切成事ニ而、飛騨守(小笠原信房)も家ニかヽわり候事も難計候事故、率爾ニ口そへもならぬ事ニ候、其上前方此方そうどう(騒動)之節も大変成ニ何の御沙汰も無之、此方ゟハ段々申進、其上十郎左衛門殿へも御頼申進候ニ御世話も無之、重縁之御中ニ有間敷事、それ故此度之義ハ公辺へ出候事故、此方ゟ率爾之事申候而飛騨守家ニかヽわり候事ハならぬ事、此方大変之節ハ公辺迄も不出事ニ候へ共、御世話もなき事、それ故新五兵衛なとすきとかまい不申候様ニ申付候間、左様ニ心得可申候、新兵衛殿家之大事ニ成可申与被仰候故、伊右衛門も御挨拶致方なくあきれ入候へとも、此度之義何も御家ニかヽわり候義ハ毛頭無御座候と申、何やうかやうニ申ちらし置候由、増山様之御事申上候へハ、あの家ハ筋不被宜と被仰候故、左様ニも不奉存候、間部様(間部詮央)なとと

ハ違宜奉存候、殊ニ御近辺ニ而甚宜奉存候と申上候へハ、それハ持参之五百両も有之候而為ニでも成事哉と被仰候、其義ハ不奉存候へとも、少々御持参も候哉、差而格別之義ハ御座有間敷と申上候、御家柄も悪敷も御座有間敷候ニハ宜敷御一家様方、大膳大夫様・黒田様・細川様・つがる様（津軽信寧）、其外宜御一家様方御座候と申上、其上御近辺ニ而万事御為ニも宜可有御座与申上候へハ、ふんと計被仰被成御座候由、伊右衛門も罷帰候節、此義弥以取組可申哉と申上候へハ、それ先目（出、欠カ）度事と被仰候故（候而）、飛騨守へハ申候哉と被仰候故、是先々御前へ御相談被仰進、明日ニも飛騨守へ申上候積りニ御座候旨申上候へハ、それハ留ル事ニハ無之候へとも、家筋之事をゆふ事ニ候と被仰候、御国元へ何と可申上と申候へハ、それ目出度事と申遣候へと被仰候由、飛騨守様ニも伊右衛門ニ御逢ハ不被成候へとも、本庄ニ被成御座候由、それ故今日神田橋へ者申上ニ伊右衛門参候、水野様（水野忠友）御頼之義も右之御様子故、一向伊右衛門不申上候由

九日　晴天

十日　天気吉

一鈴木定右衛門へ手紙遣候処、今日ハ在宅致罷有候間、御勝手次第御出可被成与申来ル

一時山者弐拾八人呼出シ、周右衛門・伊右衛門立会書付取候処、左之通

　　御尋ニ付申上候

一先達而御留主居様（藤）牧伊右衛門様江差上申候訴状之義、御奉行所様ゟ御下ケ被遊候訴状直ニ指出候哉、又ハ御奉行所江差上候訴状と者趣意も違候ニ付、認替指出候哉之旨、御尋ニ御座候

此義、先達而御奉行所様江差上候訴状御引渡被仰出候節、私共江御下ケ被成下、其儘直ニ御留主居藤牧伊

右衛門様へ差上申候

右申上候通、少茂相違無御座候、以上

濃州石津郡時郷之内
時山村

明和元申年閏十二月十日　与頭 与兵衛印　同 勘右衛門印　同 吉兵衛印　同 利八印　百姓 助次郎印　儀右衛門印　惣助印

林助印　林平印　仙蔵印　庄兵衛印　助五郎印　八郎兵衛印　清六印　次郎八印　権八印　長八印

傳九郎印　石松印　源次印　仙右衛門印　弥太右衛門印　助太夫印　勘兵衛印　源右衛門印　市右衛門悴 市三郎印

伊右衛門悴 善之助印　九兵衛悴 亀之助印

松井周右衛門様　藤牧伊右衛門様

右徳(得)心ニ而印形仕候上、又左之通口書取候

口書

一私共儀、御地頭所江御引渡被仰出候ニ付、帰郷仕候様先達而御留主居様ゟ段々毎度被仰渡候ニ付、御答申上候者、私共此度御訴詔(訟)申上候儀、何分殿様江被仰上被下候而、願之通被仰付被下置候ハヽ、帰郷可仕旨御願申上候、然ル処、御在所江右之趣被仰上被下候処、兎角御引渡ニ相成候儀ニ御座候得ハ、何れニ茂帰郷仕、殿様御直御吟味之上御役人中不宜儀者如何様ニも御糺可被成下、且私共願之筋相立候儀ハ何分御慈悲之御勘弁可被為成下旨、従殿様御直印之御下知状御留主居様江被為遣、則私共江再往為御読聞被遊、猶又御家老様御下り被成、何分帰郷可仕旨被仰渡承知仕候、乍然先達而御留主居様迄訴状を以御願申上候通被仰付可被下旨之御墨付被下置候ハヽ、今日ニ而も出立罷帰り可申候、無其御儀御役人中申分相立、私共御訴詔申上候義御聞済不被成下候ニおゐてハ、直ニ御奉行所様江御願申上度心底ニ御座候ニ付、何分帰郷難仕御座候

右申上候通、少茂相違無御座候、以上

明和元年申壬十二月十日

濃州石津郡時郷之内
時山村
与頭 与兵衛印　同 勘右衛門印　同 吉兵衛印　同 利八印　百性 助次郎印　儀右衛門印　惣助印
林助印　林平印　仙蔵印　庄兵衛印　助五郎印　八郎兵衛印　清六印
次郎八印　権八印　長八印　傳九郎印　石松印　源次印　仙右衛門印
弥太右衛門印　助太夫印　勘兵衛印　源右衛門印　市右衛門悴 市三郎印　伊右衛門悴 善之助印
九兵衛悴 亀之助印

松井周右衛門様
藤牧伊右衛門様

但シ、周右衛門・伊右衛門百性と懸引之訳ハ周右衛門日記ニ有之候

一伊右衛門儀、右之立会済シ七ツ比ゟ増山様御屋敷鈴木定右衛門へ参候

一国枝彦之進方江先日御頼申候一件、先様江御通被下候哉承知仕度之旨周右衛門・伊右衛門以手紙申遣候処、右返答ニ先様江相通置候、未何共沙汰無御座候、沙汰有之次第可得御意と申来ル

一時山者あまり長髪ニ而見苦候ニ付、月代仕候様ニ申付候事

十一日　天気吉、四ツ比ゟ曇り、少々ばら〱雨ふり候

一善助・藤七両人呼出シ、周右衛門・伊右衛門立会、左之通口書取之候

口書

一私共両人儀者先達而御国元ニ而奉願上候者、私共両人御咎メニ付弐十八人之者共罷出候義と奉存候間、此度御

咎メ御赦免被成下候趣ニ二十八人之者共江□(訳カ)合為申聞度、且又妻子共及難義候旨をも申聞セ何卒連レ帰度、勿論私共別ニ願・訴詔之筋無御座旨御願申上候ニ付、早速御聞届被成下罷下り候処、最早二十八人之者共御奉行所様江罷出、御地頭様江御引渡ニ相成候処江私共着仕候、附而者帰郷之義御留主居様ゟ段々被仰聞、其上従殿様茂御下知状を以御留主居藤牧伊右衛門様江被為遣、再往御読聞セ被遊、猶又私共儀御国元ニ而奉願候趣神妙之申方ニ付、弐十八人之者共帰郷之儀情(精)々申進メ同道罷登候様ニ可仕旨、御下知状ニ御座候段御読聞セ被遊承知仕候、然処、御家老様ニ茂御下り被成、御留主居様御立会ニ而被仰渡候得共、弐十八人之もの共帰郷之儀得心不仕、私共両人ゟ茂申進メ候様被仰渡、彼是申聞候得共承知不仕候、然ル上者私共儀別ニ願・訴詔之儀も無御座候ニ付、罷登候様ニ被仰聞候候(衍)処、別段御願之義ハ無御座候得共、去未(宝暦一三年)二月以来之儀訴状ニ相認差上候段弐十八人之もの共申聞候ニ付、右之儀者私共も同組之百性之儀ニ付同様之心底ニ御座候間、弐十八人之者差残私共計罷登候儀ハ何分難仕御座候

右申上候通、少も相違無御座候、以上

明和元年申壬十二月

濃州石津郡時郷之内
時山村与頭
善助
同断
藤七

松井周右衛門殿
藤牧伊右衛門殿

但シ、周右衛門・伊右衛門百性懸引之訳ハ周右衛門日記ニ有之候

一明日定日便りニ尾州江向多良江之書状出ス

一時山者月代仕候様被仰付候得共、かミそり(剃刀)無御座候旨申候ニ付、今日かミそり一丁と壱ツ調へ相渡候事

三　御用日記　三番（明和元年閏一二月一二日～同月大晦日）

「（表紙）明和元年甲申壬（閏）十二月十二日ゟ
大晦日迄
日記　三番」

壬十二月十二日　晴天

一今日神田橋小笠原郡右衛門江周右衛門（松井）ゟ以手紙申遣候者、先達而得貴意置候時山村一件、御同役様新五兵衛（山田）殿江御相談をも被下候哉、拙者以参可得貴意候得共、此間風気ニ罷在候故、乍略儀以手紙如何思召御尋申上候（と、欠カ）申遣候処、右返答ニ先日被仰聞候趣与惣兵衛（伴）・新五兵衛江も内談致、猶又飛騨守（小笠原信房）様江も御内慮をも相伺申候処、何茂了簡ニ難及、御挨拶可申様も無御座候、尚又貴面之節可得御意候とよらすさわらす之返事ニ御座候事、委細之義ハ周右衛門日記有之候

一夜ニ入児玉（繁右衛門）江周右衛門・伊（藤牧）右衛門参、此間之長嶋・大垣之模様咄候而、猶又公裁ニ相成候共程之相知不申候ニ候へハ、猶以尾張様（徳川宗睦）江御願ハ仕度及内談候へハ、児玉呑込宜候由、委事周右衛門日記ニ有之候

十三日　雨天、五ツ過ゟ雨止ミ曇り

十四日　晴天

一多良ゟ御用状九ツ時着、先達而此方ゟ三日出ニ差出候書状、尾州ゟ八日ニ多良江着之由、同九日出ニ而参候書面
也

一時山者、此間月代そり候而今日行水仕候、尤湯桶借候而薪外ニ三束遣候

十五日　曇り

十六日　天気吉

一国枝彦之進江伊右衛門・(三輪)武右衛門同道ニ而参、猶更咄置申度ニ付、今朝伊右衛門ゟ以手紙在着ニ候ハヽ、参度旨承
ニ遣候処、右返答ニ今日ハ主用ニ付他出之由、明日・明後日両日ハ仲間寄合ニ而手透無之候断、追而案(内、欠カ)可有之旨
申来ル

一尾州・多良ゟ書状到来、三日出、委細ハ周右衛門日記ニ有り

十七日　晴天

十八日　雨天、昨晩九ツ比ゟふり出ス

十九日　曇り

廿日　天気吉

一伊右衛門ゟ国枝彦之進江以手紙申遣候ハヽ、先達而得御意置候三輪武右衛門儀、此節風気快方仕明日ハ御近辺江

罷出候ニ付、乍序而御貴宅江同道仕得貴意度義共も御座候ニ付、御差支も不被為有候哉と申遣候処、右返答ニ、明日ハ国元ゟ之献上物有之、右之残り所々江相勤候ニ付帰宅之程難計候間、明後廿二日昼後ニ参候様ニと申来候事

廿一日　晴天

一尾州定日便ニ多良・名古屋ゟ之御用状七ツ時来着、則明日出之定日ニ右返答此方之趣旁申遣ス書状出ス

廿二日　晴天

一今朝立定日尾州飛脚ニ名古屋・多良江之書状、昨晩四ツ比ニ相認遣ス、委細ハ周右衛門日記ニ有り

一今朝国枝彦之進ゟ伊右衛門へ手紙到来、兼而今日武右衛門同道ニ而参候筈ニ約束之所、今日ハ朝鮮人国役金為上納御勘定所へ罷出帰宅之程難計候ニ付、猶是ゟ御案内可申与断申来り候事

廿三日　晴天

廿四日　昨晩ゟ雨天、五ツ比少シ雪ノ花ちる

廿五日　昨晩ゟ雪ふり出シ、今朝壱寸計相見へ候

一今日松平薩摩守（島津重豪）様御留守居中へ、松井周右衛門・三輪武右衛門・藤牧伊右衛門手紙を以御内々得御意度と申遣候処、右返答東郷源五ゟ明十六日四ツ時参候様ニ申来ル

一七ツ時比加藤養左衛門着、のり掛壱荷・挟箱、刀差三人・草履取、着後供之内かじヤ村者之由、時山者居所へ

参申候ハ、其元様方永々御苦労ニ存候、つけ声宜申呉候様ニ申候、時山十五人之内ゟも伝口之趣、其時時山者申候ハ、先達而書状遣候、届キ候哉、何之沙汰も無之哉と尋候へハ、其儀も十五人内ゟ申候ハ、書状も彦根へ向参候由ニ候へ共、何と申義哉不存候と申申(衍)候由承り申候

廿六日

一養左衛門ゟ善平便ニ而一通り之口上、此方ゟ周右衛門・武右衛門見舞一通り之挨拶致候、一学(高木貞一)様も宜申候様ニ被仰候と申事

一松平薩摩守様御留主居東郷源五方江周右衛門罷越候、供廻りハ若とう二人・草履取・道具持、尤殿様ゟ御家老中江御状持参之事、右御書之御文言・御口上書、委細周右衛門日記ニ有之候、追付周右衛門御使者相勤罷帰候、源五挨拶ニ、御口上書猶又御口上ニ而被仰聞候趣都合仕、委細承知致候と申、其上是ハ御咄ニ而御座候、薩摩守義も段物(々、矢カ)入多、屋敷類焼・りうきう(琉球)人召連候入用、其上薩摩守同家日光御用被仰付、是本家へ頼是有旁、御手伝御普請以来難渋ニ罷有候、乍去此義ハ格別之御難渋ニ候間、家老共へ申聞、品ニより薩摩守江も申聞、是ゟ御挨拶ニ可及候と申候由、委細義ハ周右衛門日記ニ有之候故、略致候事

一今晩書状相認尾州定日便りニ名古屋・多良へ之書状出ス、此度ハ為差義も無之、もはヤ余日無之ニ付書状以一通り申上候事

一東郷源五江炙肴一折・小菊五束、周右衛門手紙を以遣候処、在宿ニ無之候ニ付東郷源五家来鬼塚郷太郎受取致差越候

廿七日　晴天

一東郷源五ゟ周右衛門江以手紙右両品返却、尤一通り忝旨之礼申、御頼筋も有之故受用難致、御断申候も思召気毒存候と申義、右御頼筋相済候上ニ而ハ如何様共任御意可申との文言也、則請取書致周右衛門罷出候間、帰宅次第可申聞と申遣候、右請取書名宛ハ御使中松井周右衛門内東山弥惣八と致遣候

一源五ゟ帰り候小紙三束・肴、其まゝニ而御在所ゟ昨廿六日ニ被仰越候趣ニ致、国枝彦太郎《之進へ》御書相添三人之添手紙ニ而遣候処、留主ニ而請取参候事、明日もはま矢御献上ニ而手透無之由

廿八日　晴天

一源五江再返答周右衛門ゟ遣ス、文言周右衛門日記ニ有り

一浅草光明寺へ手紙遣ス、文言左之通り

未得貴意候得共、以手紙致啓上候、余寒強御座候得共、弥御堅勝可被成御勤珍重奉存候、誠貴僧様御儀、今般御当地御輪番被蒙仰、去ル比御下向被成候由、先以乍御苦労目出度御儀奉存候、然ハ新兵衛(高木篤貞)知行所濃州石津郡時郷之内時山村百性(姓)共致出訴候ニ付、拙者儀右用向ニ而出府罷在候、然処、京都御役寺常徳寺殿江在所同役共ゟ右一件之儀及御文通候処、貴僧様今般御下向被成候間、早速伺(候)公仕何角無腹臓(蔵)御示談仕候様ニ此間申越候処、彼是差掛り候用事取紛、其上少々風邪ニ而引籠罷在、心外之失礼ニ罷過候、最早年内余日も無御座、御繁多ニも可被成御座候間、来陽伺公仕万々期貴顔可貴意(得、欠)候条、右同断旁御安否承知仕度、以手紙如斯御座候、以上

閏十二月廿八日

尚々、漸及月廻候、随分御安全ニ御用意等被仰付候様奉存候、且近頃乍自由来春何時頃伺可仕哉、押掛参上仕候而若々御繁務御差支之御時節、又者御留守之所江伺公仕候而者如何ニ奉存候間、御手透之節参上仕緩々御示談等仕度奉存候、御在寺之節乍御世話一寸と御案内被下候様仕度候、御案内次第何時ニ而も伺公仕可得尊慮候、以上

元山王
高木新兵衛江戸屋敷
三輪武左衛門

光明寺様

一児玉江歳末之祝儀として塩鱈二尾、三人連名手紙ニ而遣候

廿九日　曇り

一鈴木定右衛門へ歳末之祝儀として鱈弐尾、三人連名之手紙ニ而遣候

一伊勢屋へ塩鱈三尾歳末之祝儀と申して遣候、是ハ周右衛門着之節世話致呉候ニ付

晦日　天気吉

四　御用日記　四番（明和二年正月朔日～四月二〇日）

（表紙）
「明和二年乙酉正月朔日ゟ
　　　　　　　四月廿日迄
　　日記　三番
　　　　　四番　」

正月朔日　晴天

一尾州便りニ多良ゟ書状到来八ツ比着、是ハ冬之返答、去十二月廿六日出之状、金拾両添来ル
一尾州・多良江年頭之御祝儀申上候、猶又冬年之趣今日之返答旁以書状出ス
一

同二日　天気吉

一伊勢屋嘉右衛門年頭ニ罷越候
一周右衛門（松井）年礼ニ罷出候、国枝彦之進・東郷源五・鈴木定右衛門、神田橋御年頭并小笠原郡右衛門・伴与惣兵

衛・山田新五兵衛・小木勘兵衛・西村喜内・三九郎（小笠原）様・児玉繁右衛門、右之所年礼相勤候

三日　天気吉

四日　晴天

一生駒（生駒周房）因幡様ゟ神谷源十郎被遣候、旧冬被仰聞候御百性（姓）之如何御取計被成候哉、因幡無心元被存候、御様子徳（篤）と御尋申、承参候様ニ申付候と申義、周右衛門罷出候ニ付伊右衛門（藤牧）罷出源十郎へ逢候処、右之口上ニ而御座候故、伊右衛門申候ハ、此義公辺之義内々伺致置候処、及月廻候故御沙汰も無御座候、何様十日過ニも相成候ハヽ、御沙汰も可有御座候間、兎角御沙汰ニ相まかセ候而取計い申積りニ罷有候と申候へハ、左候ハヽ、先者御公裁之御積りニ候哉と申候故、先左様存罷有候へとも、内々伺之御沙汰ニまかセ申存意御座候間、其節又々以参上可申上候と挨拶致候

一山田新五兵衛参礼罷越候

一かつさ（上総）屋太右衛門・弥助年礼ニ罷越候、弥助肴一折持参

一

五日　晴天

一伊右衛門・武（三輪）右衛門両人年礼ニ鈴木定右衛門・国枝彦之進、神田橋并ニ伴与惣兵衛・小笠原郡右衛門御用人中相勤、それゟ周右衛門三人一所（緒）ニ本庄江参上仕候、御首尾宜事伴与惣兵衛参合居申候、御酒・御料理旁、夜ニ入五ツ時御暇申上罷帰候

六日　天気吉

七日　雨天

一年初と申弥助鯉一尾・小鴨一ツ持参仕候、支度・酒ふるまい申候

八日　少々雨天

一東郷源五ゟ周右衛門方へ以手紙旧冬被仰聞候一件家老中へ申達候処、御答ニ可及申候間、明後十日四ツ時ニ御出可被下と申来ル、周右衛門他行故、請取致遣ス

一国枝彦之進へ伊右衛門ゟ近日ニ御逢可被下旨（被下間敷）哉之旨申遣候処、甚多用ニ候間、明後十日九ツ過ニ参候様ニと申来ル、尤手紙以申遣候返答也

九日　晴天

一東郷源五へ周右衛門返事今朝遣候、尤被仰聞候通、明十日四ツ時比伺公（候）可仕旨申遣ス

一夜ニ入四ツ時比東郷源五ゟ手紙到来、差懸り候用向有之候間、明日七ツ過ニ御出可被下と申来、承知致候と周右衛門返事遣ス

十日　晴天

一国枝彦之進五ツ時相見被申聞候ハ、今日御出可被下旨得御意候へとも、今日昼以前無拠罷出候義出来ニ付、乍

序而御見舞申候と申義、兼而被仰聞候御百性一件承合候処、兎角差図と申義ハ難成趣相聞へ申候、何分決而何れへ成共御極メ、御内伺ニ御認ニ被成候而御差出被成候ハヽ、悪敷処ハ内差図も可有之趣ニ存候、右新兵衛(高木篤貞)様御吟味可被成候間、罷登候様ニ被仰付、帰郷不仕候と申時ハ公辺ニ而も不届と可参趣ニ相聞へ候由咄申候故、左候ハヽ、国元ニ而吟味可仕候間、罷登候様ニ再応為申聞候へとも帰郷不仕趣相認御内見ニ入可申間(候、欠カ)、左様被成可被下哉と申候へハ、成程其義宜、兎角帰郷之義被仰渡候而も得心不致候故、御吟味無拠奉願候ゟ外無御座候と申義もきりみじかに御認可然旨ニ候と被申聞候事、吸物・酒出し候事、委細之義ハ周右衛門日記ニ有り

一周右衛門七ツ過ニ東郷源五方へ参候処、源五逢候而申聞候ハ、旧冬被仰聞候新兵衛様御口上之趣家老中へ申聞

十一日　天気吉、昼後ゟ風強曇り

候処、先達而も得御意候通、薩摩守(島津重豪)義も段々之物入相重り、思召之外勝手向不如意ニ付御用立難致、無拠御入用之義故家老中も色々と工面仕候へとも、何分致かたも無御座候故、無是非御断申上候と申義、尤御家老中ゟ殿様へ御返事も相渡口上書相渡申候故、周右衛門も段々といかりにがし不申候様ニ致、言を残罷帰り候、委事ハ周右衛門日記ニ有之候故、相しるし申(不、欠カ)候事

一伊右衛門・武右衛門、小笠(原、欠)三九郎様・児玉縈右衛門へ年礼ニ罷越候

一公辺へ伺書下児玉へ見セ加筆請申積りニ、周右衛門・伊右衛門夜ニ入罷越候処、児玉一覧之上、随分宜旨ニ而加筆無之候事

十二日　昨夜七ツ過ゟ雨天、今朝ニ至り大雨

一武右衛門東郷源五江内御用再応頼ニ罷越候処、他行ニ付明朝早朝ニ罷越可申旨取次江申置罷帰候

一伊右衛門国枝彦之進江伺之諸書物持参致引合候処、至極宜可有之旨彦之進申受取候而、尚明日罷越□□(候次、カ)而御座

候間、石嶋(石嶋敬隆)へ内見ニ入、是より委曲可申進と申候由

一多良ゟ尾州定日飛脚書状到来、大井川差支ニ付遠着之事、委事ハ周右衛門日記ニ有り

十三日　雨天

一武右衛門源五方へ早朝ニ参候処、源五出懸候処へ参合候故、源五ニ逢御書も相渡段々申懸ケ候へとも、兎角不埒之訳を申不調ニ相聞へ候故、むり〳〵ニ此上なから御取なしをと申残シ帰候

十四日　晴天

一伊右衛門妻今朝安産之事

一国枝彦之進江以手紙申遣候ハヽ、一昨日ハ伊右衛門参上仕、御懇志之御世話忝奉存候、尚又昨日ハ御次(序)而御座候而石嶋氏江御内達も被下候哉、乍御六ヶ敷御返答ニ被仰聞被下度候と申遣候、尤伊右衛門伊右衛門(衍)暫遠慮ニ付周右衛門・武右衛門連名ニ而遣候事、委細ハ周右衛門日記ニ有り、右国枝ゟ以手紙申来候ハヽ、一昨日被仰聞候御内々ニ而石嶋見セ候御伺書下書今日次而御座候ニ付石嶋へ見セ申候処、御文言随分宜御座候間、御差出被成可然旨被仰聞候、尤外弐通ハ御差出ニ及不申候と被申候、松平伊賀守(松平忠順)様江ハ御差出ニ及不申候、右京(松平輝高)様江計御差出被成候而宜候旨被申候と申義、御地御引渡之義ハ御地頭様御ひいきニ而御引渡之義ニ候へとも、得心不仕候義ハ無御拠義ニ候間、御伺御差出被成候而可然旨石嶋被申候と申義、以参可申上候へとも、役用取込居申候故、以手紙申上候申来ル(旨、欠カ)、右返事ニ、段々以御世話早速御内達被下忝旨相認、弥当十六日差出可申候間、其節石嶋氏御詰合ニ候へハ尚以都合宜候間、尚又可成義御座候ハヽ、御内□□(達被)成置被下候様ニ仕度旨申遣候、且又明日者新

兵衛年頭御老中様へ方（ママ）へ相勤申候間、貴宅へも伺公仕石嶋氏御引合之品も承知仕、伺十六日ニ遣出申度旨申遣
候事、尤伊右衛門へ之手紙ニ而両人へ加筆伝口申来候事忝奉存候旨端書ニ相認候事、委事ハ周右衛門日記ニ有り

十五日　天気吉

一伊右衛門今日ハ御年頭之御状御役人様方・御一家様方へ相廻り候次而ニ国枝へ参、石嶋引合之趣面談ニ承り明
日差出候積り、右伊右衛門罷帰申聞候ハ、国枝へ参候処様子宜、弥明日差出可然旨申候と申義候
一百性共伊右衛門へ申出候ハ、ちと申上度義御座候間、御逢被遊可被下旨申候ニ付、今明日ハ御用ニ付出候間、
明夕方罷出候へと申渡候事

十六日　曇り

一伊右衛門今朝右京大夫様へ百性帰郷不得心ニ付如何可仕哉之御伺書持参仕候処、取次篠崎佐助罷出御伺書受取、
尤伊右衛門一通り御口上も申候所、承知之上奥江持行、又罷出候而、只今之御伺書・御口上之趣右京大夫江申
聞候処、御書付先請取置候と□□（申候、カ）と申、篠崎申候ハ、ケ様之義外御類例も無御座旨同役共へ先達而被仰聞候由、
弥外御類例も無御座候哉と申候故、伊右衛門申候ハ、先達而も申上候通、類例も無御座候と申候、右之通ニ而
首尾能相納り罷帰候
一伊右衛門右京様罷帰内談候ハ、昨日百性共申聞候義、定而私共願ハ御国元ゟ如何被仰越候哉と相尋可申候、如
何挨拶可致哉内談之処、此間児玉も申候ハ相伺候段申渡シ可然旨申候間、幸其趣申聞可然有之間敷哉、一向此
方ゟ呼出シ伺差出候旨申渡可然候間、百性ゟ不出以前伊右衛門へ呼出シ、其方共願之筋御国元へ相伺候所、

左候ハ、御公儀江相伺御差図次第□(ニ、カ)可致旨被仰付越候故、今朝伺書差出候間、何れとか被仰出候間、それ迄相待候へと申渡可然旨相決候事

一伊右衛門右京大夫様江持参仕差上候御伺書、左之通

旧冬御引渡被成下候私知行所濃州石津郡時郷之内時山村百姓共儀、知行所地方取扱申付置候召仕共儀相手取申出候義、殊ニ私江御引渡被成下候百姓共事ニ付、一応吟味も不仕御裁許奉願候義も奉恐入候ニ付、在所江引取訴詔(訟)之趣私遂吟味双方相糺、吟味之次第委細相伺夫々申付候存寄ニ而、帰郷仕候様段々為申渡候得共、何れニ茂得心難仕強義理不尽申募り帰郷不仕候、此上温和之取計ニ而ハ何れニも帰郷不仕、小身之私厳重之取計ニ而召登候儀、遠路之事故何分手当難行届御座候ニ付、此上如何可仕哉奉伺候、以上

正月五日　高木新兵衛

右御請取被成候御伺書也

口上之覚

別紙奉伺候、百姓共儀知行所地方取扱候召仕共相手取申出候義、殊ニ私江御引渡被成下候百姓共事ニ候処、一応吟味も不仕御裁許奉願候儀も奉恐入、且江戸表留守屋敷ニ差置候召仕共吟味為仕候儀も難相成事ニ付、在所江引取訴詔之趣私直々遂吟味、差遣役人共取計不宜儀共者夫々相糺、百姓共不埒之儀ハ吟味次第委細申上、相伺候上咎メ等も申付候存寄ニ而、何れニも在所江罷帰候様ニ可仕旨段々為申渡候得共、兎角一旦江戸表へ罷出候儀ニ御座候得者帰郷仕候義ハ不罷成候、江戸留守ニ差置候召仕共吟味請申度旨、且百姓共申立候趣願之通承届遣可申旨之証拠書物等も相渡候ニおゐてハ罷帰り可申段、甚強儀理不尽之儀共申之、帰郷之儀難渋仕候、依之猶更重(ママ)ニ召仕候家来共も態と差下シ帰郷之儀為申含、又者江戸留守ニ差置候家来共共へ、右百

姓召連罷登候様可申渡旨之下知状等をも指下シ為申渡候得共、是以得心不仕我意申募り難渋仕候、右之通ニ御座候間、最早温和之取計ニ而者何れニも帰郷不仕候間、此上ハ道中を初メ、厳重之取計を以在所江引取候ゟ外無御座候処、多人数之儀、殊ニ旅中遠路之手当、且着邑之上差置□(候カ)場所等都而小身之私何分手当難行届、自力之裁(采)配ニ難及御座候ニ付、別紙之通り奉伺度奉存候

右之通之御口上書と御下知状ハと(ママ)ハ差出申ニ及不申と石嶋申候由ニ而御伺書計差出、右之通之御口上ハ為念伊右衛門懐中致参、口上ニ而右不承じ(祥事)を(ママ)口上ニ而申候義ニ御座候、篠崎(ママ)左助と申御用人罷出請取、首尾相納り候事

一尾州定日飛脚ニ尾州・多良江此間之趣共相認候而、暮合前ニ飛脚屋へ遣ス、委細之義ハ周右衛門日記ニ相記シ有之候事

十七日　曇り

一時山者江伺被差出候間、何れ共被仰出次第可申渡候間、それ迄相待候へと伊右衛門宅へ召呼申渡候事

十八日　天気

一学(高木貞一)様御結納御取行御日取廿一日ニ相極り候ニ付、今日此方御長屋・御中間部屋・御歩行部屋かた付、百性共廿一日朝ゟ廿二日朝迄引取、御台所そうじ致遣候積りニ致候事

一周右衛門生駒因幡様へ先達而一件御尋被遣候ニ付、神谷源十郎へ逢伺等差出候趣申上として参上仕候事

一東郷源五ゟ手紙到来、左之通

以手紙致啓上候、弥御堅達可被成御勤珍重御儀ニ候、此間御出被成候処、早々之御事無御愛(想)相儀ニ御座候、

然者新兵衛様より御書被成下候付、御受申上候間、乍御面働（倒）御便之節御差上可被下候、頼存候、此段為可得
御意、如此御座候、以上

正月十八日

上書
三輪武右衛門様　東郷源五

右返答、左之通

御手紙拝見仕候、如貴命《弥御勇》健被成御座珍重之御儀奉存候、如貴命先日ハ参上仕候処、御繁務之御中御逢被成
下忝仕合奉存候、且又新兵衛江御返答《答》被遣之、落手仕候、早速国元江相達可申候、右為御答如此御座候、以
上

正月十八日

上書
東郷源五様　尊答　三輪武右衛門

一国枝彦之進へ伊右衛門ゟ以手紙、此間御世話被成下候伺書、一昨日右京大夫様へ持参仕差上候処、篠崎佐助罷
出られ相渡候処、首尾能相納、御世話故と忝奉存候旨申遣候処、御同事大慶致候旨返事来ル

十九日　天気吉

廿日　昨晩七ツ時ゟ雨天

一松平右京大夫様御用人中ゟ切紙、左之通
相達義有之候間、只今御壱人御出候様右京大夫申候、以上

正月廿日

上書
松平右京大夫内
石嶋弥一右衛門
篠崎左助
大野弥八郎
関源八
高木新兵衛様
御家来中

伊右衛門御請、左之通

御達被成候御義御座候ニ付、只今私共之内一人参上可仕旨奉畏候、以上

正月廿日

上書
高木新兵衛内
藤牧伊右衛門
石嶋弥一右衛門様
篠崎佐助様
大野弥八郎様
関源八様

一伊右衛門右京大夫様へ参上仕候処、篠崎左助罷出、先達而御伺被成候御書付ニ御付紙出候間、御渡シ申候と申
相渡候由、伊右衛門受取奉り、右御付紙、左之通

書面之百性共三奉行江可被相渡候

尚又委細之義ハ周右衛門日記ニ有り

一土屋(土屋正方)越前守様御用人中ゟ申達義有之候間、只今御一人

一土屋越前守様御役人中ゟ御差紙、左之通

被申達儀有之候間、各様之内御壱人只今早々越前守御役所江御出可被成候、此段可申進旨申付候、以上

正月廿日

上書
高木新兵衛様
御留守居中様

土屋越前守内
安田條右衛門
石野治右衛門
塩谷忠兵衛

一伊右衛門夜ニ入四ツ時比越前守様御役所へ罷出候処、石井惣助と申御役人罷出申聞候ハ、御知行所百性共申進候義別之義ニも無御座候、先達而右京大夫様へ被仰立候百性共、明六ツ半時御評定所へ不残被召連候而御出可被成候旨、得御意候様越前守申付候、尤右京大夫様ゟ御沙汰も御座候義と存候と申義申聞候ニ付、伊右衛門奉畏候と申、扨申上候ハ、先達罷出候百性共ハ廿八人ニ御座候処、追而罷下り候百性弐人御座候、是以知行所之者故一所ニ差置申候、此義ハ如何可仕哉、是先達而咎置候者ニ候へとも、二十八人之者出訴致候後差免シ候所、地頭江願候ハ、私共両人御免之上ハ、罷出候二十八人之者共尋行召連罷帰申度候間、御暇被下候様ニと願候ニ付、地（頭、欠）差免勝手ニ仕候へと申候ニ付罷下候処、御引渡ニ相成候ニ付一所ニ罷有、二十八人之者願候義ハ跡ニ付可申と申罷有候者共ニ御座候と申候へハ、其義ハ先御差出ニ及間敷候へとも、越前守へ可申聞と申奥へ入、又罷出申候ハ、二人之者ハ殊ニより追而呼出も可有御座哉、先それ迄ハ差控罷有候様ニ被仰付候様ニ越前守申候と申義、伊右衛門罷帰候節□（ニ、カ）至り伊右衛門申候ハ、先達而百性共帰郷不仕趣右京大夫様へ国元新兵衛ゟ書付以伺候処、御付紙ニ御三御奉行様へ御渡申候様被仰出候ニ付、国元新兵衛江可申遣旨申上候、右之訳故、新兵衛御受ハ遠路之義故未不申上候義ニ御座候、右明日召連罷出候而、御引渡申上候趣右京大夫様へ御届申上候而可然御座候哉、如何可仕旨伊右衛門相尋候へハ、其義ハ御差図何分難致と申義、伊右衛門百姓共名前御存候ハ、可被

仰聞と申候故、是ハ多人数之義故覚不申と申候へハ、然ハ御帰被成候而御書付被成可被遣候と申義、二人之者共ハ如何可仕と申候へハ、是も別紙ニ御認御越可被成候と申義、尤右御書付御持参ニハ及不申候間、御使ニ而可被遣候と申義ニ而、伊右衛門罷帰二十八人之名前・両人之名前相認、足軽中間使ニ而ニ而状箱ニ入手紙相添石井惣助方へ遣候、此ヶ条前後或ハ不都合也、周右衛門日記紀（ママ）ク候

一百姓共不残御居間之前へ呼出シ伊右衛門申渡候ハ、其方共義先達而帰郷之義被仰渡候へとも、得心不致候ニ付御国元へ相伺候へ者、帰郷不仕趣御公儀へ御伺可被遊旨被仰遣、則右御伺書を以申候処、御三御奉行へ可被引渡旨旨（衍）御付紙を以被仰出候処、尚又土屋越前守様ゟ御差紙到来ニ付只今罷出候処、百姓共明日六ツ半時召連候而御評定所へ罷出候様ニと被仰付候間、明七ツ時ゟ召連罷出候間、其心得可致候、尤御引渡ニ相成候上ハ訴状ハ其方へ差戻シ候と申相返シ、其上御引渡被仰聞、訴状御返シ被遊慥請取奉り、仰之趣奉畏候と申義一札取之、善助・藤七両人義ハ訴状外之者故、追而御召出シも可有之哉、先それ迄ハ指控居申候様ニ被仰出候間、其通相心得可申旨申渡シ、何茂奉畏候

廿一日　雨天

一明ケ六ツ前伊右衛門百姓共召連御評定所へ罷出候、尤伊右衛門供廻り之外、弥惣（東山）足軽（八、欠）ニ致百姓ニ付遣候事、跡先なくきを□（付、カ）百姓共参候

一伊右衛門八ツ過比罷帰申聞候ハ、御評定所江罷出候処、百姓共しらすへ被召、伊右衛門義も御評定席へ被召、寺社御奉行・町御奉行・御勘定御奉行御立会、尤土屋越前守様ハ御不参か御出不被成、依田豊前様（依田政次）伊右衛門を是へ／＼と近ク被召、其方ハ懸り役人かと御尋被成候故、伊右衛門申上候ハ、私懸役人ニ而ハ無御座、懸り役

人ハ国元ニ罷有候と申上候由、豊前守様百姓共へ被仰渡候ハ、其方共ハ何故出候哉、何か願と御尋被成候へハ、仙蔵申上んと致候所、先まてと被仰、仙蔵名を御尋御手帳ニ御書留メ被成候様ニ相見、扨申上よと被仰御聞被成候へハ、仙蔵申上候ハ、私共願と申ハかつめい（渇命）ニおよひ候ニより御願ニ罷出候、則書付先達而伊賀守様へ差上御返シ被遊、是ニ御座候と申上候へハ、書付ハ追而之事と被仰御覧不被成、大き成御こへ（声）ニ而其方共十四人宛宿へ預ケ申付候、追而吟味致とらすへしと被仰、宿両人被召出両方御預ケ被成候由、右之趣国元新兵衛へ可申遣と伊右衛門へ被仰、尚委細留メ役之者共へ相尋へしと被仰御引被成候上、御留役へ尚又時山村出入一件書付共、当百姓ゟ差出候書付共不残封候而土屋越前守御役所へ差出可申と被仰候故、承候上御留役へ伊右衛門承り《申上》候《候》ハ、書付差上候義国元御座候へハ、遠路之義故おふへん（往返）廿日程も相懸り候義如何可仕哉と相伺候へハ、御留《豊前守》役《様》被仰候ハ、其義ハ廿日・三十日懸り候共、川支何角三十日・四十日懸り候共せひなき事、くるしからすと被仰候由、弥惣八百姓共さいりやう（宰領）ニ遣候処、どふしん（同心）罷出百姓共御門内へ入候ニ付、右弥惣八申候ハ、私義ハ百姓共さいりやうニ罷越候、屋敷へ引取可申哉、如何可仕与申候へハ、左候ハ、内へ入被申と御門ひとへ内へ入百姓共一所差置、弥惣八へ申候ハ、百姓共是ゟ内へ被召出候節はきもの・ミのはし折等不罷成候間、御呼出し前ニ百姓共へ被申付置候様ニと申候ニ付、弥惣八百姓へ申付候処、時山者被召出候節訴詔人不残追出し時山者計被召候由被仰越、相済候上弥惣八どうしんへ伺候ハ、私百姓さいりやう之者ニ御座候、引取可申哉、如何可仕与申候へ（ハ、欠）、暫相待候へと申何方へやら参相尋罷出候而、百姓共宿預被仰付候間、引取可被申候、尤役人中参居被申候間、聞合候而被帰候へと申候、然所へ伊右衛門罷出候故、承候へハ帰候へと申義ニ而罷帰候、伊右衛門それゟ国枝へ立寄、今御引渡申上候旨右京様へ御届可申義哉を相尋可申存立寄候処、他行留守ニ而罷帰内談致、此義ハ追御在所ゟ殿様御請ニ而随分宜候間、其分ニ差置可申と申相止メ候事、尤周右衛門日記ニ委キ故、

あらましるし置候事

廿二日　雨天、ミぞれふる

一児玉繁右衛門・鈴木定右衛門江、以手紙百性共義昨日土屋越前守様へ御引渡ニ相成候趣申遣ス、留メハ周右衛門日記ニ有り

一今日より諸書物改候事

一時山善助・藤七両人伊右衛門宅江呼出申渡候者、昨日二十八人之者共御評定所江召連御引渡相済候処、十四人宛御引わけ宿預ケニ被仰付候、其方共両人ハ追而御呼出も可有之哉、それ迄此方ニ差(控、欠カ)候様ニ被仰出、先達而も申渡置候通ニ候間、其通可相心得候、尚又此間二十八人之者共へ相渡置候米・味噌・薪等可有之候間、右之三品其方共へ一日を二人前壱升宛之積りを以被下候間、其分可相心得候旨、伊右衛門申渡候処、難(有、欠)奉存候と申し(ママ)をこと相見引候由

廿三日　天気吉

一平八(三和)かづさ屋江返答書下相談として遣候事

廿四日　雨天

一時山善助・藤七、今日ゟ御長屋御歩行部屋取繕引為越申候而、御台所そうじ致相返シ候事

廿五日　晴天

一今日ハ御評定所御立会日ニ候故、時山者御呼出無之哉と存、早朝ゟ弥惣八見セニ内々ニ而遣候処、相見へ不申候由

一飛脚州定而飛

一尾州定日飛脚ニ名古屋・多良ゟ之書状到来、道中出水四日之川留メ、名古屋十六出(日、欠)ニ而今日着、此方ゟ朔日出ニ遣候書状之返事也

廿六日　雨天

廿七日　雨天

廿八日　天気吉

廿九日　晴天

一今朝児玉江返事承ニ遣候処、児玉返事ニ被申越候ハ、此間折々御手紙被下候処、毎日夜ニ入候迄平詰ニ而罷有候故、御出被下候而も御目ニ懸り候義も難(ママ)、殊ニ夜ニ入候迄相詰罷有候故御案内も得不申候、昨夕帰宅致只今も出懸り候仕合ニ御座候、大方明晩ハ在宿も可致と存候間、明晩御出可被下と申来ル

一平八かつさヤ江返答書下之相談ニ遣候事

一児玉繁右衛門相見え、御書院へ通し一通り挨拶致、此所ニ而ハ一学殿家来も罷有候故、御内々御咄申かたく候間、見苦敷御座候へとも勝手へ御通り被下度趣申、御居間へ案内致、内々咄致百性共口書写も見セ候処、児玉被申候者、拙者儀も只今安芸殿(浅野重晟)へ出懸ニ候間、此書付持参致徳と一覧之之(衍)上御相談可申候、尚又一学殿御家来

中へ御差支も候間、此上拙者も半日ニハ帰宅致候間、半日ニ拙宅へ御出可被成候と被申候、書持(ママ)参被致候、右書付ハうつし差出候事哉、本書差出候事ニ御座候哉と相尋候へハ、其儀本紙御差出候義宜候と被申候、御酒ニ而も出し申積りニ留メ候へとも、殊外御用多之由ニ而断被申、直立被申候、伊右衛門・武右衛門罷出咄申候事

二月朔日　天気吉

□(一)尾州定日ニ名古屋・多良へ之御用状出ス

□(一)夜ニ入候而児玉へ武右衛門・伊右衛門差出候書付何かの相談ニ参候処、児玉被申候ハ、此間御見セ被成候百性共口書一札共不残御差出候而可然候、徳と一覧致候処何茂宜書付ニ候、勿論本紙を不残封被成候而御差出候様ニ存候、別ニ断書御差出ニ及不申候、委細之義ハ御尋御座候ハヽ、其節書付ニ而成共、口上ニ而成共、御申上之事ニ候、御尋御なき以前委細之断御差出之事ニ而ハ無之候、百性訴状ハうつし御認、伊右衛門殿右書付御持参節御一所ニ其趣御口上ニ被仰御差出之方可然存候、右書付御尋も可有御座哉と奉存候而、役人国元ゟ持参仕候と被仰上候方可然候、尚又訴状之返答書追而御差出之御用意ニ被成被置候ハヽ、此義ハヽ(ママ)と御ひらき書被成可然候、訴状一ヶ条宛御書被成候而右ゟ一段宛ひらきを字頭下ケ候御書被成候義ニ御座候、勿(論、欠)出来候ハヽ、御見セ被成候様ニと被申候

二日　天気吉

一尾州定日ニ多良ゟ名古屋状到来

三日　雨天

四日　雨天

五日　雨天

一浅草輪番光明寺へ手紙遣候、左之通

以手紙致啓上候、弥御安全可被成御座与珍重之御事ニ奉存候、然者旧冬以書中得貴意候百性共儀先月廿一日ニ御奉行所江差出申候、仍之一件之訳御咄申上兼而御承知被置〔成〕被置被下候様ニ仕度奉存候、御繁務ニハ可被成御座候へとも、御逢被下候様仕度奉頼〔存〕上候、一両日中ニ参上可仕候間、御差図御報ニ被仰下度奉頼上候、右為可得貴意如此御座候、以上

二月五日

上書
光明寺様　　高木新兵衛内 三輪武右衛門

右返事、左之通

御手紙致拝見候、弥御壮健被成御勤珍重奉存候、然ハ旧冬被仰聞候其御知行所百性出入、先月廿一日御奉行所江御差出候由、依之右一件之訳合ニ付御入来可被成由、委細御書中之趣致承知候、明日中御出可被成候、右御報可得御意如此御座候、以上

二月五日

上書
三輪武右衛門　　浅草本願寺輪番 光明寺

六日　雨天

一武右衛門今日浅草輪番光明寺へ逢ニ参候処、光明寺・本番共ニ逢候而武右衛門卯(宝暦九)年以来之之(衍)義委細ニ咄致、江

戸表へ首尾申談候而右得貴意置度義ハ、若もつれ次第ニ而御当寺へ御尋も御座有間敷ものニも無御座候間、其節右之趣を以被仰立被下候へハ宜御座候と申義委細申談候処、光明寺申候ハ、御尤ニ存候、兎角此義ハ入組候永キ義故、中々難覚義ニ御座候へ共、初ゟ此かた迄之義委細御咄ニ而心ニ得心致居申候へハ宜御座候間、猶又其節至り御尋之趣ニも候ハ、あじよく挨拶致置、尚申進候而御内談之上其節々ニ応ジ候事ニ可致義と被存候と被申候ニ付、武右衛門申候ハ、成程仰之通、一件ハ細ニ申候ハ、ヶ様計ニも無御座、事外入組候義ニ候間、尚又御尋ニより其節々可申上候、先右之いミ合一通り御咄申御承知被成被置候へハ急成節も御とんちやく（頓着）無御座候義故、得貴意置候、其外右御御（衍）心安御咄申置候へハ差懸り節もすいさん（推参）仕御内談申能御座候故、御繁務をもかへりみす御逢被下候様申上候と申候へハ、成程此上之義ハ其節ニ至り是よりも可申進候、其元様ゟも無御遠慮御出可被成候、尤拙僧共も御門主御さんこう（参向）追付故、殊外取込罷有候間、御出被下候節ハ前方ニ御案内可被成候、乍去急成義ハ押懸ケ御出可被成候、拙僧共両人居申候故、何か在寺致し両人共ニ他行致候へハ、役僧共へ被仰置候様ニも可致置候と申義、段々置（忝）奉存候と申事、扨尤吸物・酒・硯ふた三ツ出候事、右浅草本番光明寺・加番西宗寺と申候

一岡田将監（岡田善章）様御内古田久兵衛方へ周右衛門ゟ御内々御目懸り申度旨手紙遣候処、御勝手ニ御出可被成候、御繁務ニも候ハ、是より可参候と申来

一武右衛門浅草帰りニかつさヤへ立より候処、太右衛門留主ニ而、兼而平八遣頼置候返答書下致置候旨女房申聞候ニ付、受取帰候

七日　天気吉

一東郷源五へ周右衛門ゟ手紙遣候処、明後日四ツ時参候様ニと申来ル
一岡田様・徳永（徳永昌寛カ）様へ周右衛門参候事

八日　天気吉

一尾州定日ニ廿六日出之御用状多良・名古屋ゟ来ル、道中川支二日有之延着之事
一かつさヤ太右衛門相見へ返答書之相談致候、そは切取寄ふるまい候

九日　晴天

一東郷源五宅へ周右衛門参候、薩摩守様へ御年頭之御使者も次而ニ相勤候
一伊右衛門今日ゟいミ（忌）御免、国枝彦之進へ内談ニ参候事、伊右衛門帰候而申聞候ハ、御引渡御請書・町御奉行へ御口上書国枝へ見セ候処、随分宜候旨申候、しかし、町御奉行江奉畏候を此方様御格式ニ而ハ承知仕候与相認可然候と申聞候、町御奉行公用人之義越前様御用人心安ク候間、明日ニも参り候而咄可申候、石嶋へも御請書内談可致候と申候由、先達而越前様へ御引渡申候節之右京様へ御届ケ之義も国枝江咄申候、其義ハ御届不被成候旨随分宜御座候と申候、是ハ御届不申候而大当りニ御座候と伊右衛門申候、御差控之義も承り候処、随分それニハおよひ申間敷旨申候由
一岡田様ゟ古田久兵衛御使者ニ参候、周右衛門罷出候ニ付申置候

十日　天気吉

十一日天気吉、昨夜八ツ比余（ママ）雨ふり

一周右衛門今朝岡田様江参候処、古田久兵衛他行之由、又々近日ニ参上可仕旨申置罷帰候事

一今日尾州便を以御国状（ママ）可差出と相認

一右書状相認候処へ定日便りニ尾州ゟ之書状到来、代（三輪）右衛門義当五日四ツ前ニ名古屋へ着、同日七ツ時比尾州出立道中七日ふりニ而着之積りニ候旨木村佐左衛門ゟ申来ル、尤代右衛門へ之書状も来ル、今日九ツ過比到来之事

一代右衛門八ツ前ニ江戸着

十二日　天気吉

一国枝ゟ手紙ニ申来り候ハ、新兵衛様御請被仰上候義石嶋へ案文見セ候処、随分宜候得共、猶又吟味致候而可申聞旨申候ニ付、案文石嶋ニ差置罷帰候処、未何共申来らす候、返答次第可得御意候と申来ル

一周右衛門古田久兵衛へ逢ニ参候事

一児玉へ御肴一折・御書御使ニ而遣候

十三日　くもり

一周右衛門・武右衛門・代右衛門立会返答書相認候而かつさヤ・児玉へ内談可致と取懸り候事

一国枝彦之進ゟ手紙到来申来候ハ、此間之御案文之義石嶋へ差置候処、御書ニハおよひ申間敷候、御口上書ニ而可然旨被申聞候、此義以参可得御意候へ共、此方ニも領分百性共出入ニ付御評定所へ罷出候ニ付、明日昼前ニ御

出可被下候と申来ル

十四日　天気吉

一伊右衛門国枝へ参候処、国枝申聞候ハ、石嶋江御案文見セ候処、随分宜御座候、兎角承知仕候と申事さへ御認被成候へハ宜御座候、勿論御口上書ニ而かろく被成候方よく御座候由申候由、仍之明十五日伊右衛門相勤候積り、石嶋江御音物、土屋様江御挨拶、土屋様御役人中へ御音物決而無用と申候由、此義ハ事不相済内ハ何分納り不申候由、百姓・町人ゟハ受候而も、武家ゟハ堅ク受不申候由、事済之上之事と之由、越前様御用人江も国枝咄申候と申義是首尾宜、何分懸り御役人中御逢被成由、御内々御目懸り可申候へとも、此間上州百姓大そうとう《（騒動）》の義ニ而甚取込居申候故、御出被成候而も□《（御）》目懸□《（り）》申手透□《（無）》御座候故、御出被成候様ニ申候而、せつかく御出被成候而も御目不被懸候時ハ失礼ニ候間、其内手透見合是ゟ御案《（内、欠カ）》可申と申義之由

一国枝極内々咄候由、何様石嶋も右百姓之一件右京様江御咄申上候趣之由、右京様ニハ万事かろく早ク事済致候様ニとの思召之由、難有事共叶《（ママ）》と奉存候

十五日　天気吉

一伊右衛門右京大夫様江殿様ゟ之御請御使者相勤候、御請御口上左之通

知行所濃州石津郡時郷之内時山村百姓共之儀ニ付、去月十六日奉伺候処、同廿日以御附札三奉行江相渡候様被仰渡、翌廿一日右百姓共於評定所三奉行江引渡候段在所江申越承知仕候、奉畏候、右御請為可申上以使者申上候、以上

二月四日　　　高木新兵衛

土屋越前守様江も御使者相勤候口上書、左之通

口上之覚

去月廿日家来被召呼拙者知行所濃州石津郡時郷之内時山村百姓廿八人之者共明廿一日評定所江差出候様被仰渡、則家来召連罷出候処、右百姓共宿預ケ被仰付候趣家来江被仰渡、早速在所江申越承知仕候、右御請為可申上以使者申上候

二月四日　　高木新兵衛使者
藤牧伊右衛門

一返答書下相認代右衛門・平八かつさヤ江内談ニ参候処、かつさヤ存寄も候ニ付徳と一覧之上可申上と申候由ニ而、段々代右衛門存寄共引合候而及暮候故罷帰候

十六日　雨天

一八幡郡兵衛へ七郎兵衛ゟ之書状煎茶弐袋、右ハ冬年参居候へとも、其義及間敷旨ニ而差置候処、右郡兵衛ハ尾州ゟも御手寄之由、依田豊前守様御用人ニ候へハ遣候而可然候へとも、今更延引ニ相成候故、伊右衛門ゟ之手紙相添、右之手ニ申遣候ハ、此書状・煎茶、旧冬在所へ七郎兵衛ゟ参候処、役人共持参出府之存寄之処、御引渡ニ相成候ニ付役人出府相止メ候処、百姓共帰郷不仕候ニ付又々御奉行所へ御引渡ニ相成候而、役人共此間出府持参仕候ニ付御届申候旨申遣ス、則受取参候事

一今日御国元へ之書状相認、此間之趣共名古屋・多良へ申上候事

十七日　雨天

一かつさヤ江平八遣候、此間頼置候返答書加筆出来候ハヽ、遣呉候様申遣候処、未出来不仕候間、とても之事徳と仕候而差上可申候と申来

十八日　天気吉
十八日　曇り、九ツ比ゟ雨天

一今日百姓口書共相改、本紙ニ合印付候而写帳面相認、一所ニ封候而差出候積り

一かつさヤへ平八遣候而返答書下出来候哉承候処、未出来無之由

十九日　曇り、少々雨ふり

一かつさヤへ平八遣候処、返答書出来ニ而請取来り、一覧致候処いミ違之所共有之候ニ付、今晩児玉へ参候積相止メ、三人相談致徳と相認候事

十九（廿）日　天気吉、少々くもり

一国枝彦之進ゟ手紙到来之処、石井惣助へ逢候処、明日比ハ百姓共口書等御差出も可有之旨ニ申置候間、明日御持参被成可然奉存候と申来ル、尚又御懸り御役人中御逢被成候而御咄被成被置度旨も申候処、何分多用ニ而只今ニ而ハ御目ニ難掛旨惣助申候、御留役衆も御吟味ニ御取懸り無之以前ニハ相知レ不申候と申来ル、右ニ付口書写相認、口書共取しらへ本紙写合印附候而徳とよミ合致、尚又返答書下申合候而相認、夜ニ入候而児玉へ武右衛

門・代右衛門持参致候処、児徳(玉、欠)と見候而加筆致、尚又差出候趣共内談致罷帰候

廿一日　雨天

一今朝早朝ゟ又々口書写よミ合致封し候而封印致、本紙・写尤一封ニ致、伊右衛門越前守様江持参仕候、尤伊右衛門殿様ゟ之御口上、左之通

越前守様江新兵衛申上候、追而暖和ニ罷成候、弥御堅固被成御座珍重奉存候、将又拙者知行所石津郡時山村百姓共御引渡罷成、御苦労ニ相成気毒奉存候、仍之被仰出候百姓共口書共取しらへ差出申候、尚又懸り役家来共出府申付候間、御尋も御座候ハ丶、被召出御尋可被下候

伊右衛門口上ニ而申候ハ、先達而被仰付候百姓共口書之義、未(宝暦一三年)二月以来之書付共取しらへ役人持参仕、一昨日着仕候処、昨日ハ御日柄ニも御座候故、今日差上申候、先達伊賀守様より御引渡之節百姓共江戸屋敷へ差出候訴状之義、此度御引渡ニ付差戻シ申候而写留置候、此義ハ本紙無御座候故写差上不申候、右訴状掛り役之者共一覧仕、右訴状ニ相あたい候書付仕置候、尤返答書ニ急度相認候ニハ無之候へとも、百姓共あまり偽り之義共申上候義共ニ之趣相認持参仕候、此義ハ差上候義ニ御座候哉、追而御尋之節差上可申義哉、如何可仕事と惣助へ内分申積りニ候事

一今日返答書本紙相認候事

一伊右衛門今朝四ツ時ニ越前様へ罷出候処、七ツ時ニ至り罷帰不申候ニ付如何と存候処、七ツ半比罷帰申聞候ハ、越前様ニ而石井惣助ニ逢候而御口上申書付共相渡候処、惣助請取候而、越前守義今□□(日、八)御評定江罷出候間、追付罷帰可申間、御控可被成候と申、相待居申候処、程久しく相成候へとも御帰ニ無御座候処、惣助罷出申聞候ハ、

越前守義未罷帰候、御評定所ゟ帰懸ケニ一、二ヶ所相勤申候様ニ申候間、未罷帰候、あまり御待久しく可有御座候、右之趣ニ而ハ程相知レ不申候間、御帰可被成候、得御意候義も御座候ハ、是より可申進候、尤此義ハ拙者共御請取申候計ニ而相済不申、越前守御目懸り候義も可有御座候ニ付御留メ申置候へとも、未罷帰候間、先御帰可被成旨申聞候ニ付罷帰候、尤先達而国枝彦之進殿御咄ニ而承りと申挨拶ニ而、至極取り付宜由伊右衛門咄候事

廿二日　天気

一国枝彦之進相見へ伊右衛門・武右衛門・代右衛門罷出逢候而、此間之礼致挨拶致(ママ)、酒給不申候ニ付くわし取寄出し申候而、暫咄帰申候、尤御老中様へ罷出候次而なから御見舞申候と申、先達而被下候御目録之御礼等申聞候、御留役御懸り之義も相知レ不申候、是も随分聞合可申候、先御差出被成候百姓口書御しらへ之上御尋も御座候而、其節御答書御出被成候ハ、御吟味ニ相成可申義と被存候と国枝申候、御留役懸りハ其節至り不申候而ハ相知レ申間敷哉ニも国枝申候事

廿三日　雨天

一返答書清帳出来ニ付留メハ以上留ニ致候哉、上書ハ如何致候哉、先様宛ハ如何致候□(哉)、役人名之下タニ印形致候哉、年号相認候哉を児玉へ以手紙尋ニ遣候処、留主ニ而明晩返□(事カ)取ニ可参候と申置使者帰候

廿四日　天気吉

一今朝早朝《晩夜ニ入》児玉へ返事取ニ遣候処、帰宅無之明朝可参旨申帰候
一今朝早朝ニ児玉へ返事取ニ遣候処、只今取込居候間、後程是より為持可遣旨申来ル

廿五日　天気吉

一児玉ゟ返事来、返答書上書之趣、留ハ已上留、年号なしニ□□(月日カ)計、印形もなく如何可致哉と伺候而、印形可致事之由申来ル、上書ハ濃州石津郡時郷之内時山村百姓共御願書差上候儀ニ付是迄新兵衛吟味仕候趣申上候書付と相認、高木新兵衛家来三輪武右衛門・三輪代右衛門と相認、酉二月何日返答書留メハ以上と留メ、酉ノ二月何か(ママ)、高木新兵衛家来三輪武右衛門・三輪代右衛門と相認、印形之義ハ無之、差出候節印形可仕哉、如何可仕与伺之上御差図次第ニ可仕旨児玉被申越候事
一今日之御評定ニ百姓共御呼出シも無之哉と御評定所ゟかつさやへ向平八内聞見セニ遣候処、御沙汰無之由

廿六日　天気吉

一尾州定日飛脚ニ名古屋・多良へ之書状出ス、尤急成義も無之ニ付名古屋ゟ多良へハ井ノ口便りニ被遣被下候様ニ申遣ス

廿七日　天気吉

一国枝彦之進江伊右衛門罷越候而御様子如何か哉(ママ)、御沙汰も無御座候間、御内聞被成被下間敷□(哉)を相談致可申旨四人・伊右衛門内談致、尚又返答書下書も伊右衛門持参致候而国枝へ相談致、石原惣助へ国枝心安間(候、欠カ)、内々ニ

而物助へ見セ呉られ候様ニ是又国枝へ相談致可然旨ニ而、今日伊右衛門ゟ以手紙国枝へ御在宿ニ候ハヽ、明日以参
上得貴意度奉存候旨申遣候処、明日ハ在宿ニ罷有候旨申来候ニ付、明日伊右衛門と武右衛門・代右衛門両人之
内壱人と両人参候積り之事、依之右返答書下書之中書周右衛門相認候事、

一紀州様(徳川宗将)御逝去被遊候ニ付、なり(鳴)物停止被仰出候

一

廿八日　天気吉

一伊右衛門・代右衛門国枝彦之進江罷越候、返答書写も持参仕候事、右両(ママ)罷帰申聞候ハ、国枝へ逢候而何角相頼
候処、近日ニ石井へ罷越内談可申旨申候由、返答書も国枝一覧致候而扨々不埒至極成百(姓、欠)共と申あきれ候由、右
之書も石井へ見セ候様可致候、あの方ニ入用之ものニ候間、可被宜旨国枝申候由

廿九日　天気吉

晦日　天気吉

二(三)月朔日　天気吉

一御国御用状到来、先月十一日・十二日・十六日出之返事也、尾州ゟハ書状不参、多良ゟ之書状計定日便りニ而
九ツ時着之事

一国枝江上巳之祝儀と申伊右衛門ゟ之手紙ニ而肴一折遣候、いか十はい・赤もとこ弐ツ・蚫三はい遣候処、留主
ニ而使之者着(差)置帰候

二日　天気吉

三日　天気吉

一国枝ゟ朔日之返事到来申来候者、肴之礼一通之上、此間御持参之御返答書下石井惣助へ見セ候処、一覧致随分宜旨申候而直ニ相返シ申候へとも、又々持参致惣助方ニ留メ置、緩々と熟覧致預置被呉候様ニ可致と存預り置候旨国枝申越候事

四日　雨天

五日　天気吉

六日　天気吉

七日　天気吉

八日　天気吉

九日　天気吉

十日　天気吉

十一日　天気吉

一桑名御屋敷江周右衛門罷越候

一鈴木定右衛門江周右衛門桑名御屋敷御留主居へ参候次而ニ見舞候而、定右衛門在宿ニ而暫咄候処、定右衛門申候ハ、一件之儀も騒動御取込と相見候間、永引可申候、兎角御大礼後と思召候様ニ存候と申候由

一かつさヤ太右衛門相見候而咄申候ハ、時山者共儀当五日ニ御呼出御座候由、時山者宿白川屋手代より承り候段太右衛門申聞候、わけハ相知レ不申候由、尤四日之御評定相延候而五日ニ御呼出し之由、又太右衛門咄候ハ、白川屋之手代咄ニ而承候ハ、時山者在所ゟ申越候ハ此度之一件理分ニ不致候ハ、罷登り申間敷候と申越候旨承り候段太右衛門申聞候、何れを承り候而も大騒動之一件ニ而甚御奉行所御取込故、諸出入御吟味相延可申と申候事

一尾州定日便りニ御国へ書状出候

十二日　天気吉

一国枝へ周右衛門以手紙申遣候ハ、当五日ニ百性共御呼出シ御座候様ニ承り候間、御懸り之御留役衆相知レ申候ハ、御聞合被下候様ニ奉頼候旨申遣候、返事ニ参来り候ハ、御百性去五日御評定所へ御召出シ候由、依之留役衆之儀被仰下承知仕候、先比迄ハ相知レ不申候、此間ハ無拠用事等多得承合不申候、一両日中ニ承合是より可申上候、明日も松平摂津守（松平忠恒）様日光ゟ御帰府御昼休迄罷出申候間、一両日中ニ承合申可上と申承り候事

十三日　雨天

一酒井左衛門尉（酒井忠寄）様御留主居中へ伊右衛門ゟ以手紙、国元ゟ役人共罷下り候処、御内々得貴意度義御座候間、御逢被下候ハ、召連参上可仕旨申遣候処、他出ニ付手紙差置罷帰候、追而返事ニ御勝手次第御出可被成候と申来ル

十四日　天気吉

一酒井様御留主居小寺九十九ゟ返事到来、御勝手次第御出可被成候と申来ル

十五日　天気吉

一小寺九十九江武右衛門・伊右衛門罷越候処、九十九在宿ニ而武右衛門・伊右衛門一通り及挨拶ニ、武右衛門御口上一通り申候而御口上書相渡シ、御用人中へ之御書も相渡候処、九十九致承知御口上書一覧之上出入之訳相尋候ニ付、武右衛門一通り咄申候而段々御渋(難、欠カ)之わけ申候処、九十九申候者、委細承知仕候、依私一了簡ニ御挨拶ハ難仕候間、役人共へ申聞御挨拶ニ可及候、左衛門尉も此間病中罷有候間、役人共へ申聞是より可得御意候、何れと御挨拶可申哉、其儀ハ難計候へとも、御口上之趣承知仕候間、役人共へ申聞候上ニ而是(ゟ、欠カ)可得御意候間、左様御心得可被下旨申候而、武右衛門・伊右衛門罷帰候

一周右衛門三九郎様へ大杉弥一右衛門ニ逢ニ参候

十六日　雨天

十七日　雨天

十八日　天気吉

一周右衛門儀、神田橋・本庄江御暇乞ニ参上仕候

一御国ゟ御用状到来

一酒井左衛門尉様ゟ此間家来迄被仰聞候趣令承知候、追而是ゟ可申入候と申御返書到来

十九日　天気吉

廿日　天気吉

一酒井（酒井忠敬）五郎助様ゟ伊右衛門ニ参候様ニと申来ル

廿一日　雨天

一御国元江御用状出ス、左衛門尉様一件・五郎助様一件申遣ス、宗門帳閑嶺印形取ニ遣ス

廿二日　曇り

廿三日　雨天

一伊右衛門神田橋江御餞別之御使者ニ参上仕、それゟ松井国枝江立寄周右衛門帰国之義如何と承合候処、罷帰候而可然、随分苦かるましき旨国枝申候由、尚又御留メ役衆懸り之義も徳と相知レ不申候間、此間之内ニ又々聞合可申旨申候由、迚も日光御法会過江相延可申旨申候由、百性共義も五日御呼出御吟味ハ国元地頭へ願候而取上ケ不申候ハヽ、罷出□□（可申）義を、地頭吟味も不受及公訴ニ候ハ何とて仕候哉と御吟味御座候由、国枝咄ニ申聞候百性共御答ハ如何申上候□（哉カ）相知レ不申候由

廿四日　雨天、昼ゟ雨止ミ曇り

一酒井五郎助様ゟ御国元へ之御直書到来

廿五日　天気吉

一周右衛門山岡程右衛門へ罷越し、次ニ上総屋江も立寄候

一酒井五郎助様一件ニ付御国元へ右一件のミニ書状出候

一周右衛門今夕児玉へ暇乞ニ参候

一今日上総屋ニ而平八承候、当月廿一日ニ御評定所へ百性共被召呼候由、御吟味之趣ハ相知レ不申候

廿六日　雨天

一土屋越前守様ゟ伊右衛門へ御差紙、左之通

被申達候義有之候間、各様之内御壱人今日中越前守御役所江御出可被成候、此段可申進旨申付候、以上

三月廿六日

上書

土屋越前守内
安田條右衛門
石野治右衛門
塩谷忠兵衛

高木新兵衛様
御留守居中様

右即刻伊右衛門越前守様江参上仕候処、石井惣助罷出候而左之通御書付相渡、伊右衛門奉受取、御書付伊右衛門拝見之上惣助へ申候ハヽ、右御書付之者共之内三輪武右衛門・三輪代右衛門両人、御尋之義も可有御座哉と先達而御差下シ置候旨及挨拶候へハ、惣助申候ハヽ、其儀ハ□□（拙者カ）御挨拶難申候間、越前守へ申聞御両人ニ而相済候旨申候ハヽ、是ゟ可得御意旨申候ニ付、御書付之通奉畏、国元へ可申遣旨申罷帰候

高木新兵衛家来

三輪野（ママ）武右衛門

三輪野（ママ）代右衛門

小寺（小寺知雄）助右衛門

右之者共江相尋候儀有之候間、来月廿一、二日迄ニ江戸着之積り申遣、着次第可被相届候、以上

酉三月

一尾州定日便りニ御国元へ今日越前守様ゟ被仰出候趣、助右衛門兼而心得居候而、若両人計ニ而不相済時ハ来月十一日比出立仰付られ候様ニ御心得ため書状遣候、尤尾州・多良両方へ申上候、勿論越前守様ゟ之御差紙・役人御召出し之御書付も写遣候事

廿七日　雨天、九ツ前より雨止ミ曇り

一伊右衛門儀、飛騨守様日光江御出立ニ付せんじ（千住）迄御付使者ニ罷越候、右帰りニ御老中様へ御奉書請取ニ罷越、其次而ニ国枝江立寄、昨日越前様ゟ被仰出候一件申談候□（処カ）、懸り役人出府之両人ニ而相済可申哉、助右衛門義、追而日積りを以病気申立テ可然哉を内談致、兎角国枝・石井へ内聞致被呉候様ニ相済可申積り之事、右国枝他行ニ而明朝可参候間、御逢被下候様ニと申置帰候

廿八日　天気吉

一今朝国枝へ伊右衛門参候而昨日之一儀咄見候処、国枝申候ハ、只今御懸り役人中御一人御病気と申義被申間敷

候、決而作り事と相聞へ申候間、御召出之日より早キ事ハくるしからす候間、在所ニ罷有候一人之役人病ニ而御差(図、欠)之通得出府不仕候、押而成共[redacted]出府仕候様新兵衛□候間、押而出府さへ□候へハ出府可仕候間、先御断申上候旨被仰候ハ、□□□(筋カ)如何相極可申候、大方ハ其節御両人ニ而相済可申と被存候旨国(マヽ)申、又国枝了簡致、明(マヽ)ニ茂罷越候而惣助ニ逢一通り咄候而、新兵衛殿ニも小身義故人少ニ而甚手つかへニ候間、今一人も出府仕候而ハ一向難渋ニ候間、出府之両人ニ而相済申間敷哉を承り可申旨申候由

一かつさヤへ此間之様子申、猶又御留メ役懸り聞合なから弥惣八遣候処、かつさヤ申候ハ、先日伊右衛門様御両人御出之趣惣助様へ被仰候へハもはやよく御座候、其上を只今御両人様ニ而相済申間敷哉を御聞合ハたとへ外様ゟ被仰候而も御廻〳〵とほか聞へ不申候、武家方ハ不存候へ共、左様之事ハ甚悪敷御座候、一度被仰出候義ニ候間、追而御病之御断被仰上候へハ決而御両人様ニ而相済可申候、それを只今被仰候而却而御首尾ゆいあしく奉存候と申候由、考候へハ御上へたいし此方得手成事計、かつさヤ申通り至而尤ニ候故、今晩国枝へ先此義ハ御見合被下候様ニと申遣候

廿九日　雨天

一本願寺御門跡御下向ニ付杉本市左衛門・常徳寺御供之由ニ付、武右衛門・代右衛門之内見舞可申積り之処、両人共ニ風気ニ付以手紙杉本へ肴一折平肴三種平肴、常徳寺へかる焼菓子一折遣候、杉本ゟ返事来ル、常徳寺ハ他行之由、返事不来候

晦日　雨ふり

四月朔日　曇り

一土屋越前守様ゟ御差紙到来、左之通

被申達儀有之候間、各様之内御壱人今日中越前守御役所江御出可被成候、此段可申進旨申付候、以上

四月朔日

上書

高木新兵衛様 御留守居中様	土屋越前守内 安田條右衛門 石野治右衛門 塩谷忠兵衛

右伊右衛門直ニ奉畏候旨御請遣、即刻越前守様御役所江参上仕候処、石井惣助罷出候而、三輪武右衛門殿・三輪代右衛門殿明二日明ケ七ツ半時御評定所へ御差出可被成候と申聞、則左之通相しるし有之候帳面差出伊右衛門印形致候様ニ申聞候ニ付、印形持参不仕候段申候へハ書判可致旨申候ニ付、則名御請書左之通り之事

高木新兵衛家来
三輪武右衛門
三輪代右衛門

右両人之者共明二日明ケ七ツ半時御評定所江差出可申旨被仰渡、奉畏候、右刻限無相違差出可申候、依之御請申上候、以上

四月朔日

同人家来
藤牧伊右衛門書判

一児玉繁右衛門方へ、廿六日ニ伊右衛門被召呼掛り役人出府被仰付候訳并此明日武右衛門・代右衛門御呼出之儀、両様兼而手紙四人連名ニ而遣候事

一明日御呼出被仰渡趣、多良へ書状尾州へ向て遣ス

四月二日

一二日朝八ツ時御屋敷出立武右衛門・伊右衛門・代右衛門三人御評定所江罷越候処、七ツ時ニ参上、夜明□(ケ)ニ御門明ケ御玄関江上り溜りニ相詰罷有候処、四ツ頃ニ御呼出有之、御評席御縁かわへ罷出候処、三御奉行御揃被成、時山村百姓共も白砂江罷□(出)居候処、百性共少々跡へ為引候様被仰、其上武右衛門・代右衛門ニ御尋被成候者、時山村百性共用金申付、尤五拾両申付三拾両差出、残り弐拾両不足ニ付、相調不申候ハヽ、如何様咎メ申付候共恨ニ不存段書付取之可申段申渡候由、右書付違背申ニ付源右衛門厳敷閉門申付候段申之由、此儀如何と御尋有之候間、御答申上候ハ、右金子之儀ニ付相調不申候ニおゐて如何様申付候とも恨不存段書付取候儀無御座、右金子之儀者新兵衛不如意ニ付村方ニ而金子取賄申付、其暮ニ□(本)物ニ而指次返弁仕候、勿論五拾両之儀者百性共一統ニ申上候哉ニ御座候得共、此儀者拾両庄屋へ相頼、尤庄屋儀者身上も相応ニ仕先年ゟ用達も仕来り候者ゆへ、親西右衛門と申者ニふち方等遣村方取〆等も申付置ものゆえ、別段ニ相願無滞調へ差出申候、百性共江四拾両相願候処、心能承知仕候間、掛合之食為給候而全ク押而申付候訳無御座候、右四拾両之内拾九両弐分百性共ゟ差出申候、彼等ゟ三拾両差出候儀ニ而ハ無御座候段申上候、猶又源右衛門儀、右金子之断申候ニ付厳敷《キヒ》咎メ申付□(之)□儀、左様ニハ無御座、過言申候ニ付無拠呵申付候、此訳ハ残金之儀断申ニ付段々利害申聞相頼候得共、得心不仕壱分調不申段申之候間、自分入用ニ而も調不申哉と相尋候得者、村入用等ハ差出不申候而者村方ニ住居難仕ニ付差出候得共、地頭より申付候金子ハ壱分も相成不申段組頭同道ニ而罷出、組頭之者差越へ過言申ニ付呵り申付為慎置候処、咤(訛)申ニ付早速差免申候、則越前守様御役所江差上候口書之内ニ茂指免シ候趣御座候段

申上候処、越前守様被仰候者、右書付之儀過言之趣口書取候而呵り申付候哉と御尋被成候処、呵り分之事故口書ハ取不申、申付叱申候節口書取之指免候段申上候得者、越前守様被仰聞候者、口書取之呵り申付候得者能候処、其儀なく呵り込候儀ハ手抜之様相成、夫故百性共さわき候事と相見へ申候、先控居候様ニ被仰御次ノ縁ニ差控へ罷有候処、則百性共召出され被仰渡候ハ、其方共儀者地頭ゟ金五拾両申付候処、三拾両ハ差出、残り金相調不申候ハヽ、如何様之咎メ申付候と□(も)恨ニ不存段書付差出候様ニ申付[redacted]段申之候処、其書付ハ差出候哉と御尋被成候処、仙蔵申上候者、其書付ハ不仕候得共、書付仕候様ニ申付候儀相違無御座候旨申上候得者、依田様被仰候者、其書付ハ[redacted]差出不申候得者夫ニ而能候[redacted]ニ而ハ無之哉、差出候様申付候と其方共ハ申候得者(ママ)、地頭役人共ハ不申付候段申之候、書付差出不申ニおゐてハ無証拠ニ候間、不埒千万之旨被仰候得者、又仙蔵申上候ハ、夫ニ者証拠有之、其節源右衛門申候者、右書付仕候ニ付而ハつぼわなヲ拵へくびを差入候同様ニ候段申上候得者、依田様被仰候者つぼわなとわ何之事哉と御尋被成候処、又仙蔵申上候ハ、縄ニ而わを仕くびを入候同様と申儀ニ御座候段申上候得者、夫ハ地頭役人江対し過言千万、夫か過言不埒ニ無之哉、地頭を何と心得居候哉、甚不届之段御呵り、右つぼわな御尋ニ付助五郎と申者笑い候得者、是又天下之御役所をかろしめ大どふものと御呵り、其上宿払等も不致候由、是ハ如何ニ候哉と御尋被成候処、又々百性共申上候[redacted]者、私共儀ハ壱銭無御座候間、御慈非(悲)ニ宜敷被仰付被仰付被下置候段申上候得者、不届ケ千万ニ候、宿払も得不仕ハ弐人□(か)三人罷出可申処大勢下り、殊ニ風俗等迄も心得ぬ姿ちりとハ〳〵奥意之不知もの共、抱(拘)有之者共、己等者仕置申付候方慈非ニ候、此慈非と申儀ハ己等が様成ものを仕置ニ申付、外之者共之見せしめニ致候儀慈非也、不届至極、今日ゟ入牢申付候而銭之入らぬ食たんとくらわせ可申と被仰、夫縄懸よと有之、直ニ廿四人縄懸ケ、尤廿八人之内四人病人也、其《直ニ》御奉行□(様)方御引被成候上、御評定所かり牢ニ入置候而御留役衆壱人吟味有之、武右衛門・代右衛門ニも聞候様ニと有之候事、壱人吟味之とい口、用金何程差出候哉と被尋、三拾両出候と多申之候処、御留役被申候者、三拾両之内拾両ハ庄屋ゟ差出候由地頭役人申之候、残りハ何程ツヽ出候哉と被尋候得共、極メ可申もの無之、夫ニ付留役被申候者、地頭役人ゟ拾九両弐分之受取有之候間、偽りなく可申候、若偽り申ニおゐてハ骨をひしぎ候而も為申候間、早速有様可申事、迚も生ケて置事ニ而ハ無之候間、其段心得、牢屋と申処江入見可申抔と品々厳敷吟味有之、縄懸ケ候上快(ママ)中吟味有之候処、弐拾四人ニ而金拾壱両有之、仍之弥偽り申も□乞仕候抔と申儀の之由呵り強ク、用金ハ何程出候哉有様ニ可申、偽り申ニおゐてハ何分くびを切、在所へ遣シ獄門ニ上ケ在所之者共ニ為見可申抔と甚厳敷呵り有之候得共、壱人も明らかニ申候者ハ無之候得共、百性之内ゟ拾九両弐分差出候迄ニハ申候もの有之候

一留役衆武右衛門・代右衛門江又々内尋有之候処、先高辻之儀ハ如何候哉と尋有之、新兵衛知行所之儀ハ時・多良と両郷ニ而御座候段申候処、村々ハ如何と尋有之候処、新兵衛居所ハ高辻之内哉ニ有之、陣屋敷地ハ高外之段申達候、右多良者何ヶ村、宮村・羽ヶ原祢宜村・奥村・北脇(村、欠)・西山村・岩須村・堂ノ上村、右ニ而高千百七拾石余之趣ニ申上候、時郷之儀ハ有之(ママ)候処、下村・打上村・堂上村・細(野、欠)村・上村・(山上村、欠)時山村、右村々ニ而千百三拾石余之段申上、猶又右村之内分郷ニ而千百三拾石余之内外ニ千石御座候段申上候、則書留被申候、扨用金之儀ハ如何と有之(尋、欠)、五拾両相頼候者新兵衛不如意ニ付村方ニ而取賄相頼、年々暮収納ニ差次来り候処、去々未ノ十一月時山村へ五拾両相頼候者、庄屋・組頭呼出、庄屋儀者身上も相応ニ仕候ものニ而先代ゟ新兵衛方へ用達も仕来り候処、別而訳も有之親西右衛門ニ者ふちも遣置候処、右五拾両之内拾両ハ庄屋江相頼、四拾両ハ百性共へ相頼、勿論来暮ニ元利足加へ候而元利共ニ年貢ニ差次可申旨申渡候得者、心能引請申候間、掛相之支度等為給相頼、押而申付候儀無御座候、然処、庄ヤ儀ハ無滞拾両差出、百性共ハ拾九両弐分差出、不足仕候迚咎メ申付候儀無

御座候、尤右百性共拾九両弐分差出候内も五両《人》分段之者有之、是ニ同様之者壱人、都合六人ニ而三両差出候処、彼等ゟハ実々ハ十六両弐分ニ御座候、尤請取書[redacted]一紙遣置候間、彼等所持仕罷有候間、此儀ハ御断申上候段申達候得者、夫ハ不苦、論するニおゐてハがうもん申付候得者有様ニ相知候間、気遣無之候段被申之候、扨庄屋儀訳有之ものとハ如何之段被尋候処、此訳之儀先代ゟ屋敷へ出入仕、相応之用達も仕候間、仍之扶持遣置候旨申達候処、扶持ハ何程と(尋、欠)有之、四石八斗宛遣置候段申之候、就而ハ書付之儀ハ如何之書付ニ候哉と尋有之、此書付者先年時郷之内村々と時山村と出入為取替之書付ニ而御座候処、三給入会之書付ニ候得共、弥三右衛門家ニ数代所持仕罷有候処、西右衛門ゟ弥惣右衛門へ庄ヤゆすり候節相改可申処、寺法出入中故差延置候処、寺法一件一学百性出訴内評仕候故、右書改可申と去十一月庄ヤ呼出相尋候処、両組之百性共善助・藤七同道ニ而請取ニ相越候間、地頭へ相達相渡と申候得共、地江(頭、欠カ)付候儀無之候間、相渡シ候様申之強而請取可申旨申ニ付、無拠相渡シ候由申之候ニ付、善助・藤七呼出相尋候処、両組ゟ入用之由申来り候間、三給之百性名当之書付故請取相渡候段申候ニ付、組頭之身分して庄屋所持之書付請取候事不届之段申付候、先是迄[redacted]書付候得共、先又追而之事と申儀ニ付右体追々申上候事、夫ゟ百性壱人吟味ニ付、我儀者引候様ニと有之(ママ)候事

一御評定所ニ而伊右衛門御請書、左之通

御請書之事

高木新兵衛家来
三輪武右衛門
三輪代右衛門

右之者共御吟味中御預ケ被遊候旨被仰渡、奉畏候、仍而御請書如件

明和二酉年四月二日

高木新兵衛内
藤牧伊右衛門書判

御評定所

一御評定所ニ而御留メ役衆御尋相済罷帰候節、土屋越前守様へ御届ケ申候而帰候様ニ御留役横屋幸之進差図ニ而、三人共ニ越前守様へ罷越御届申候趣、左之通

高木新兵衛家来、御評定所ニおゐて御尋相済只今引取申候、仍之御届申上候、と申置罷帰候

一国枝江伊右衛門帰懸ケニ今日之趣可申達と立寄候処、他行故口上申置帰候

三日　天気吉

一総上（上総）屋へ昨日之趣申為知ニ平八遣候

一周右衛門下総守（松平忠刻）様御留守居へ参候、右次ニ鈴木定右衛門へ立寄昨日之趣咄申積り、それより国枝へ参、昨日之趣咄候而相尋義も有之参候事、国枝在宿ニ而委細咄候処、上々之首尾と申大悦之旨申候事、両人御預ケ中ハ長髪之事と国枝申候、逆上被成候而御難義之節ハ、伊右衛門殿御懸り越前守様へ御伺被成候趣ハ、御預ケ之者或ハ三輪武右衛門、殊外逆上仕難儀仕候間、月代つまミ候義御免被下置候義相叶申間敷哉奉伺候旨被仰達候へハ、其儀願書差出候様ニ□（とカ）被仰出候間、願書御差出被成候へハ御免出候、其節ハ月代御そり被成候而、そりたてニ而御召有之御出被成候而も不被苦候、兎角月代そり申度と申義不被申候、つまミ申度と伺申御事ニ御座候、又々重而之節ハ願書ニ不及御伺計ニ而相済申候、右願書何角御不案内ニ候へハ、此方ニ御座候間、可被仰聞候と国枝被申候事

一御国江昨日之一件尾州江向書状ニ而申上候事、十七ヤへ出ス

一児玉へ昨日之趣申達ニ周右衛門夜ニ入罷越委細咄申候へハ、児玉事外大悦、猶又御内談被成度節ハ伊右衛門御

出可被成候、兎角御留役へ音物し込之義、かつて御無用、毛をふいてきづニ相成候事大事ニ候と被申候由
一浅草常徳寺へ以手紙昨日之趣為知候、両論(輪)番へも御通達可被下候と申遣候、留守ニ□(而)□(請)参候

四日　雨天

一昨日百性共入牢被仰付候趣神田橋御用人中迄伊右衛門ゟ以手紙為御知申上候、本庄江も被仰上被下候様申遣候事
一昨日百性共入牢被仰付候趣酒井五郎助様御用人中迄伊右衛門手紙ニ而申達候

五日　天気吉

一生駒因幡様へ周右衛門参、此間百性共御吟味入牢、役人被召呼御尋之趣旁申上候事
一鈴木定右衛門相見、吸物・酒出ス、周右衛門・伊右衛門逢候而緩々咄帰候、武右衛門・代右衛門ハ逢不申候事
一かつさヤへ周右衛門ゟ以手紙国元へ帰候ニ付肴代百疋遣候処、右返事ニ一札申越候、次而ニ申越候ハ、病気ニ而宿ニ残り候百性共四人入牢之様子承り、乱心致宿殊外難(ママ)致仕候由申越、右之趣候へハ、御長屋ニ被差置候両人之百性へ先入牢之義ハ不被仰聞候方可然奉存候、追承りハ可致候へとも、先御無用ニ奉存候と申越候、尚又外へ罷出候義も不仕候様ニそれ□(と)なく被仰付被置可然と申越候
一伊藤源左衛門見舞ニ相見候
一伊藤藤蔵も相見候

六日　清（晴）天、風有り

一周右衛門出立、平八・忠吉、品川迄弥惣八送ル

一鈴木定右衛門へ、越前守ゟ役人共御評定所へ差出候様被仰出候節ゟ当二日御評定所へ罷出御吟味□（之カ）趣共頭書致遣候、右周右衛門へ定右衛門頼ニ付周右衛門申置ニ而、伊右衛門ゟ書付遣候

七日　天気吉

一御国元ゟ四月朔日出之御用状到来、尤三月廿一日出ニ遣候返事と相見、酒井五郎助様へ御書到来、御肴一折添候由、網代郷右衛門へ助右衛門・弥部（大嶽久郷）右衛門ゟ之書状□（二）通参候事

一杉本一左衛門・常徳寺使手紙到来、杉本[redacted]常徳寺両人共、日光御出立九日故取込候故、御招申候而得御意候義も難致、尚又此度之一件ハ輪番光明寺へ徳と申含メ、猶年番共も申付置候間、無御遠慮差懸り御内談可被成候と申来り□（候）

八日　晴天

九日　晴天

一酒井五郎助様江御国ゟ被遣候御直書・御肴一折・鰡五本、網代郷右衛門へ御用人共ゟ之書状弐通、伊右衛門ゟ之音物ニして糀漬鱒す巻壱本、右之通御口上申伊右衛門持参致候、被入御念候御事、尚又是より御返事可申之申（ママ）義、伊右衛門ニも御逢可被□□□□（成候へとも）只今御出懸り被成候故、得御逢不被成候と申義、網代も挨拶宜有之候由

一今日上総屋太右衛門相招候而、先日御評定所ニ而御留役衆御尋懸ケ之後、重而被召出候節心得之ため一通り相認持参仕、其座之趣ニより書付差出候へハ取落なく都合宜候ニ付、右太右衛門ニ相談致度申遣候処、太右衛門相見右書付出来候事、長座故そはきりくわし、餅取寄ふるまい候事

一今日飯米着舟□(旨カ)、相届候事

十日　曇り

一飛騨守様御用人中ゟ先達而百性入牢之義為御知申候返事今日来ル、追而御帰之節、飛騨守様へ可申上候と申来ル

一古田久兵衛ゟ周右衛門へ先日返事到来、則国元へ今日定日便りニ遣候

十一日　天気吉

一尾州便り御国元ゟ五日出之御用状到来、遠山(遠山景慶)十郎左衛門様、来ル九日御出立、東海道八日振之日積りニ申来ル、遠山靫負様と御改名由申来ル

一御国江五郎助様一件間違ニ付急便り桑名便り御用状十七屋へ出ス

一神田橋御用人中・御留守江(居、欠)之御状ハ此方ニ差置由

一風香ハ重便ニ登ス筈ニ申上候

十二日　天気吉

十三日　天気吉、夜明ゟ五ツ比迄夥敷きりふる

一仙波弥助江菓子一折遣候

十四日　天気吉

一大杉弥（与）一右衛門江遠山靫負様御下着弥以来ル十六日ニ候哉、御様子承りニ遣候処、弥十六日之旨申来ル、与一右衛門も御待請ニ罷越候間、八ツ過比伊右衛門参候様ニ与一右衛門ゟ申来ル

一鍋嶋（鍋嶋直益）帯刀様奥様、久々御病気之所御養生御叶不被成、今朝卯刻御死去被遊候旨、御用人中ゟ伊右衛門へ申来ル

十五日　雨天

十六日　雨天

一遠山靫負様今日御着ニ付御附使者ニ伊右衛門罷越候、大□□（雨ニ）而七ツ比ニ御着、御道中無御障被成御着候由、伊右衛門懸合御料理被下候而御逢被成、時山一件も□（出）御聞被成度候得とも甚御取込、勿論濱松宿ニ而周右衛門ニ有増御聞被成候間、先以御安堵之御事、定而多良ニ而も嘸々御安心之御事可有之と被仰、細成義ハ追々御聞可被成と被仰候由、伊右衛門夜ニ入四ツ過罷帰□（候カ）

十七日　曇り、七ツ比より雨ふり

一明十八日越前守様へ、助右衛門病気ニ而御差日ニ出府難仕旨国元より申候旨、伊右衛門罷出候積りニ而書付相認、

為念児玉江見セニ遣、存寄加筆相頼遣候処、存寄無□（之）□（随）分宜旨申来□（候）事

十八日　晴天

一越前守様江助右衛門病気之趣国元ゟ申越候旨之書付□（を）以伊右衛門罷出候処、石井惣助罷出書付請取□（候）□（而）、越前守へ可申聞と申書付奥江持行、又罷出候而、越前守へ申聞候処、右御書付請取置候旨申候と惣助申聞、伊右衛門罷帰候、御届書左之通

高木新兵衛家来
三輪武右衛門
小寺助右衛門
三輪代右衛門

右之者共へ御尋被遊候御儀御座候ニ付、来ル廿一日、二日迄ニ江戸着仕候様ニ被仰渡、早速在所へ申遣承知仕候、三輪武右衛門・三輪代右衛門儀ハ先達而出府仕罷有候、小寺助右衛門儀□（者カ）此節病気ニ而右御日限ニ出府可仕体ニ無御座候、少々も快方ニ御座候ハヽ、押而も出府仕候様ニ新兵衛申付候段申越候、以上

四月十八日

高木新兵衛家来
藤牧伊右衛門

十九日　清（晴）天

一国枝彦之進ゟ伊右衛門方へ手紙到来、左之□（通カ）

以手紙致啓上候、其後ハ不得貴意御遠敷、弥御安全被成御勤仕珍重奉存候、然者御評定所御役人甲斐庄武助

殿と申仁、私心易御座候付相頼置申候間、御手透之節御出被成御逢置被成候様奉存候、尤長日ニ在宿致居被申候間、左様ニ御心得御出可被成候、右武助殿江御尋被成候得者御吟味方御役人中も性(姓)名相知申候、居宅御評定所御門ニならび路次(ママ)江御座候、右之所甲斐庄武助殿ニ御座候、近日之内御出被成候様奉存候、何事も其内以参可申候、以上

四月十九日　　国枝彦之進

藤牧伊右衛門様

尚々、周右衛門様御在所江御発足可被成奉存候、御両所様へも宜奉頼候、以上

廿日　曇り

一沢田弥(ママ)太夫・木村佐左衛門へ、国元ゟ書状・金子等不参候哉を聞ニ遣候

一伊右衛門今日風気ニ而、越前守様へ助右衛門病ニ而難罷下之旨申越延引仕、明日罷出候積り之事

一御評定所御留主居甲斐庄武助殿江国枝氏引合せニ而今日伊右衛門罷越候処、重而被召出候節抔、若久敷居候様成節ハ御茶ニ而も被下候様ニと相頼候処、委細承知之段被申之、若左様之節へ(ママ)御玄関番江相断腰懸へ御出候と御申、私宅へ御出可被成と被申、其段御門番江者相違置可申段被申之候而、懇意ニ挨拶有之候、右ニ付百性共之様子も伊右衛門咄申候処、右武助殿ハ御制事ニ拘り被申候ニ而ハ無之候得共、御評席へ者立会被申候事故、様子ハ委ク存知居被申候、尤百性共強勢(情)之趣者合点之趣挨拶有之、定而此間之内ニ牢屋ニ而御吟味可有之候処、廿五日頃者役人も可被召出候哉と被申候由之事

一多良ゟ武右衛門・代右衛門着替へ紙包弐ケ、木村佐左衛門ゟ相届被呉候

五　御用日記　五番（明和二年四月二一日～六月八日）

（表紙）
「明和二年乙酉　四月廿一日ゟ
　　　　　　　　六月八日迄
日記　五番
」

四月廿一日　雲《（曇）》り

一遠山《（遠山景慶）》靫負様御下り便りニ本庄江被進候松茸参り候筈ニ先達而申来有之候処、今朝取ニ遣候事

一御在所江書状尾州便りニ大田屋へ差出ス、尤助右衛門《（小寺知雄）》病気御届ケ、先達而申遣候金子不参候間、此儀并ニ神田橋・本庄ゟ伊右衛門《（藤牧）》方江之手紙、水野《（水野忠友）》様御用人中ゟ書状、鍋嶋《（鍋嶋直益）》帯刀様御不幸御届ケ手紙遣ス、若殿《（高木貞臧）》様風香調へ遣ス

廿二日　天気吉、じしん《（地震）》ゆる

一浅草輪番光明寺・西宗寺へ手紙ニ而菓子一折宛遣候事、尤百性《（姓）》共入牢一件常徳寺へ申遣候間、此訳ケてハ不申遣候

一　土屋越前守（土屋正方）様ゟ今日八ツ時ニ以御書付御使罷越候処、左之通り

高木新兵衛知行所
美濃国石津郡時山村百性共
吉兵衛
与兵衛
源右衛門
林平
惣助
勘兵衛
勘右衛門
利八
助太郎
傳九郎
弥太右衛門
仙右衛門
石松
清六
市三郎
亀之助
善之助
儀右衛門
助五郎
八郎兵衛

酉四月二日入牢

一紙弐帖宛　長八

一銭弐百文宛　助太夫

右之者共、右届物御当地ニ差出可申もの無之ニ付、地頭高木(高木篤貞)新兵衛家来藤牧伊右衛門方ゟ銘々相届ケ呉候様相願候間、一両日中御番所江差出候様可被申談候

酉四月廿二日

右ニ付御請、左之通り　名前、右同断

一紙弐帖宛

一銭弐百文宛

右之者共、右届ケ物御当地ニ差出可申もの無之ニ付、地頭高木新兵衛家来藤牧伊右衛門方ゟ銘々相届ケ呉候様相願候ニ付、一両日中ニ御番所江差出候様奉畏候、以上

四月廿二日　高木新兵衛内
藤牧伊右衛門

竹沢官蔵殿

一右之趣ニ付、金子遣切り候而昨日尾州便りニ書状差登候得共、又々急ニ金子差下シ有之候様四日切飛脚ニ桑名へ向て差出ス、十七屋へ出ス、弥惣八(東山)持参

四月廿三日

一昨廿二日越前守様御番所ゟ入牢之者共江届物之儀被仰渡候ニ付、則今朝取調伊右衛門持参仕候処、石井惣助ニ逢候而届物持参之趣申達候処、夫者御指《サシ》添御出ニ者及不申、重而ハ使ニ而宜敷候段挨拶致シ、其上右届物之儀申遣候儀一向不存候処、此儀者此度計ニ而済不申候事、追々相願可申事ニ候得者、其上着替へ等迄願候様ニ相成可申処、左候而ハ際限無御座御難渋之筋ニも可有之候、尤右牢者共之儀差出候もの無御座、地頭故願候と乍申平等申時者敵・身方と申ニ候間、先御指控被成候様ニと申、猶又何れニも越前守帰宅迄相待候様ニと有之候間、待居罷有候処、八ツ頃ニ御帰被成候処、直ニ惣助罷出、先刻申候通り先今日届物之儀者御差控へ可被成候、追而自是可及御沙汰候、尤右牢者共之儀外並□(之カ)訴詔(訟)人ニ候得者、町宿江申付候儀ニ候得共、彼等儀者左様ニも相成不申、遠国者ニ御座候得者如何可有御座哉、何分自是得御意候迄御差控可被成之旨挨拶有之、右ニ付伊右衛門申達候ハ、在所ニ居残り候もの共江申付取立差出候様ニも可仕哉と申候得者、先何れニも追而此方ゟ可得御意候段挨拶ニ付、差出不申帰り申候

一右牢者共江届物之儀并先日甲斐庄武助殿へ伊右衛門逢候趣佐(木村)左衛門迄以手紙申遣候事

四月廿五日　天気吉

一越前守様御用人中ゟ伊右衛門方へ呼状到来、即刻伊右衛門参上仕候処、惣助罷出被申候者、昨日及御挨拶ニ候入牢之者共江届物之儀、御地頭ゟ御差出之筋之儀ニ茂無之、御差出候而者先追々之儀甚御世話多候、勿論御地頭江懸り可申筋も無御座候間、猶又御評儀も有之候而牢者牢者者共へも為及吟味候処、右地頭江願可申訳ニ而も無御

座候処、御当地ニ相頼可申方無御座候間、地頭屋敷留主居江相頼、在所ゟ取よせ呉候様ニ相願候趣ニ候間、其御心得ヲ以在所へ御申遣、勿論今一度ニ而相済申候儀ニも無之度々相□（頼）候候得者、毎度御世話多候間、被仰出（遣）候ハヽ、壱人前ニ壱分宛ニ而も弐分ニ而も御取よせ被成候而、願次第弐百文宛御差出可被成候、尤余り候時者又相済候上御戻シ可被成儀ニ候得者、度々相願候迚も壱度ニ弐百文宛ゟ余計ハ相成不申候間、其段御承知之上御申遣可被成候、若地頭ゟ申付と申候而者請申間敷候間、越前守御役所ゟ申渡シ候趣書付等為御見被仰付候様被成可然、御内々此段得御意置候、猶又願候ニ付名前・名付懸御目候段、書付被見せ借り候而罷帰り、則左之通り

高木新兵衛知行所
美濃国石津郡時山村

酉二月　入牢		勘右衛門
同	右同断	利八
同	右同断	惣助
同	右同断	助太郎
同	右同断	源右衛門
同	右同断	傳九郎
同	右同断	弥太右衛門
同	右同断	千右衛門
同	右同断	石松
同	右同断	清六
同	右同断	市三郎
同	右同断	亀之助
同	右同断	善之助
同	右同断	儀右衛門

同　右同断　林平
同　右同断　助五郎
同　右同断　八郎兵衛
同　右同断　長八
同　右同断　助太夫
同　右同断　勘兵衛
酉四月二日入牢、同四月十日溜預ケ　同　右同断　千蔵
酉四月二日入牢、同四月廿四日溜預ケ　同　右同断　吉兵衛
同　右同断　与兵衛
林助儀者四月十九日江戸宿御預ケ被仰付候

右弐拾三人之者単物壱ツ・鳥目弐百文宛、地頭高木新兵衛家来藤巻(牧)伊右衛門方ゟ□(在)所時山村銘々宿元江申遣、相届候様ニ被仰付被下置候様仕度旨奉願候、尤御当地ニ相願可申方向無御座候由申之候、依之申上候、以上

四月　萩野仁右衛門
赤星六右衛門

一右ニ付伊右衛門罷越候付、明廿六日御評定所江武(三輪)右衛門・代(三輪)右衛門罷出候様被仰渡、則新兵衛知行所時山村百性御吟味一件ニ付、三輪野(ママ)武右衛門・三輪野(ママ)代右衛門儀明廿六日五ツ時御評定所江差出可申旨被仰渡、奉畏候、無遅滞差出可申候、仍之御請申上候、以上

酉四月廿五日　高木新兵衛内
藤牧伊右衛門□(居)判

四月廿六日　くもり

一明ケ六ツ時ニ御屋敷罷出候而御評定所江罷越候処、御門明キ不申腰掛ニも壱人茂居不申、仍之甲斐庄武助殿宅江伊右衛門同道ニ而罷越候処、早速甲斐庄逢被申、今日者手前非番ニ候間、後刻罷出候、手前留主ニ而も不苦候間、御出御休足候様ニと有之、尤今日ハ留役吟味ニ御座候様ニ付四ツならてハ出不申候間、先見合候様ニと被申、暫相待罷有候処、五ツ過頃御歩士目付只今罷出候間、追付御留役も罷出可申候間、表腰懸ケへ参り見合候様ニ被申、則腰懸ケへ罷出待居候処、百性共も縄附ニ而つれ参公事御門之内之仮牢ニ入レ有之候様子ニ相見へ候処、待居候得共呼出無之、四ツ半頃ゟ百性共呼出有之候趣ニ相見候処、七ツ半頃ニ相成候而も百性共出不申相待居候、漸々暮合前ニ呼出有之公事門へ入候処、ざんきり《(散切)》共大勢取懸り百性共引出シ申候、百性之内五人もつこニ而つり出申候処、病人と相見へ候、是ハ先達而ゟ四人病人ニ而宿御預ケニ相成、入牢之内林助病気ニ付宿預被仰付、是都合五人と相見へ申候、仙蔵ハ居不申候様ニ相見へ申候、武右衛門・代右衛門御評定所江罷出候処、御留役幸《(横屋)》之進殿・御歩士目付壱人出座ニ而、幸之進殿被申候者、早速呼出可申□《(処カ)》百性共儀□《(只カ)》今迄吟味相懸り罷有候、其方達先《(先達)》□《(ゟカ)》被申候通り相違之儀者有間敷候、百性共書付等取調へ相糺シ候処、替ル儀も無之候、尋候儀も可有之哉と呼出置候処、相尋候筋も無之候間、引取可被申候、此上善助・藤七呼出相尋候儀も有之候、其上之儀ニ候間、先今日ハ引取候様ニと御座候、尤越前守殿江相届ケ引取可申旨被申、則越前守様へ罷越引取申候

四月廿七日　天気吉

一百性共入牢ニ付届物之儀并ニ昨日被召出候趣御国江申遣候ニ付書状相認、則佐左衛門方遣候、尤御覧之上能キ御便り有之候ハ、御届被下度旨申遣候処、則書状共靭負様江入御覧、幸便無御座候間差戻シ候段被申越、直ニ十

七屋向て四日切り宮宿迄差登、尤三ノ丸へ届ケ候段申遣候、右書状靫負様思召も御座候ハ、佐左衛門加筆相頼遣候処、曽而思召無御座候段申来り□□（候ニ）付、直ニ十七ヤへ遣候、使弥惣八帰りニ上州ヤへ立寄候様申付遣候事

廿八日　天気吉、夜ニ入五ツ比大夕立雨

一靫負様ゟ木村佐左衛門被遣候、両人共ニ永々義辛労ニ可有之候、御着後早速御尋可被遊思召候へとも、何角と御用多被為有、其儀なく御打過被成候、様子も御聞被成度思召、尚又両人他出難成ニ付、筆談ニ而行届かたき節ハ夜分ニ而不被苦候間、佐左衛門可被遣旨被為入御念候御意之趣、則両人佐左衛門へ此間之趣共、尚最初御評定所へ被召被仰渡百性共御吟味之次第、委入佐左衛門へ咄致宜被仰上可被下旨申遣ス、扱吸物・酒・茶つけ出候而佐左衛門緩々咄、夜ニ入罷帰候事

廿九日　天気吉

一大井伊勢守（大井満英）様ゟ伊右衛門・族呼（前嶋長良、佐野長良）参り参上仕候処、美濃国無儀（武）郡川通り国役御普請御見廻り御奉行御三人様へ被仰付候旨、御書付を以伊予守（阿部正右）様御直ニ被仰渡候由

五月朔日　天気吉

一定日便りニ御国ゟ御用状到来、尤川支ニ而延引之事、先月十五日出之書状也、金子拾両相添来ル、九ツ比当着（到）

一右返答旁定日ニ此方ゟ御用状出ス

二日　雨天

一土屋越前守様御用人中ゟ御差紙到来、則御差紙左之通

被申達候候(衍)儀有之候間、各様之内御壱人只今越前守御役所江御出可被成候、此段可申進旨申付候、以上

五月二日

土屋越前守内

安田條右衛門

石野治左衛門

塩谷忠兵衛

高木新兵衛様

御留主居中様

右伊右衛門御請、左之通

御達被成候御儀御座候ニ付、私共之内壱人只今参上可仕□(旨)、奉畏候、以上

高木新兵衛内

藤牧伊右衛門

五月二日

土屋越前守様御内

安田條右衛門様

石野治左衛門様

塩谷忠兵衛様

一伊右衛門越前守様へ参上仕候処、石野治左衛門罷出被申聞候ハ、明三日朝五ツ半時善助・藤七被召連御評定所へ御出可被成候、尤刻限無相違御出可被成候申(旨、欠カ)聞、則書付相渡候、書付左之通

濃州石津郡

時山村

組頭

善助

藤七

一酒井(酒井忠敬)五郎助様ゟ御国元へ之御返書到来、串海鼠一□(折)被進候、網代郷左(右)衛門ゟ助右衛門・弥部(大嶽久郷)右衛門へ之返書も来ル

一遠山様江此間之趣共、猶又明日善助・藤七御呼出し伊右衛門へ被仰渡候而明朝五ツ半時召連罷出候趣、且五郎助様ゟ参候御返書・網代返事御内見ニ入候被遊候様為持候而手紙相添佐左衛門へ遣候

一善助・藤七江伊右衛門申渡候ハ、其方共儀明三日朝五ツ時御評定所へ御呼出し被仰渡候間、其通相心得可申候、尤手前召連候而罷出候、右ニ付左之通之一札致候へと申渡候

差上申一札之事

一私共両人明三日朝五ツ時御評定所江御召出御座候旨被仰渡、奉畏候、右為御請一札差上申候、以上

酉五月二日

濃州石津郡時郷之内
時山村
組頭
善助印
藤七印

藤牧伊右衛門殿

一夜ニ入五ツ半時比土屋越前守様ゟ御差紙到来、左之通

別紙名前之仁同道人御差添明三日五ツ半時評定所江御差出可被成候、此段可得御意旨越前守申付候、以上

五月二日

土屋越前守内
安田條右衛門
石野治左衛門
塩谷忠兵衛

高木新兵衛様
御留守居中様

御別紙左之通

三輪野《（ママ）》代右衛門

三輪野《（ママ）》武右衛門

五月三日　晴天

一越前守様ゟ御差紙之趣ニ付三日朝五ツ時前ニ罷出御評定所へ参上、御留役御吟味ニ付公事門外ニ相待罷有候処、百性共も十三、四人程牢屋ゟ連参候、九ツ前ニ武右衛門・代右衛門御呼出有之、御留役幸之進殿并御歩士目付立会ニ而御呼出、幸之進殿被申候者、先達寺法一件之儀如何致候儀ニ而寺法出入出来候哉と被申候ニ付、最初ゟ之儀申聞、漸々去未《（宝暦一三年）》二月騒動之儀迄ニ申上候処、尤長キ事殊ゆ《（ママ）》へ中々都合相済候程者申解かたく、先ふし〳〵申上候処、御留役段々為書留被申其上[redacted]候処、先手前ニも《（衍）》支度致候間、其方達も支度致参り候様ニ被申、支度ニ罷出、又呼出被申、右様子被尋候処、最初ゟ咎メ村預ケ等之儀者不残申立候得者、先右外ニ預ケ咎メ等ハ不致候哉と有之候処、右外咎メ村預ケハ不仕候段申之候得者先是迄ニ而百性共吟味ニ懸り候而差控へ候様被申候而次ノ間引退キ罷有候処、百性共十弐、三人呼出シ候而其方共訴状之趣村預ケ咎メ用金等之儀地頭役人へ吟味致シ候処、不残地頭役人申聞キ故なく咎メ等申付候儀無之候処、其方とも願候儀未ノ二月村預ケ之訳ハヶ様〳〵、其外も不残故有之候間、如何相心得候哉と段々吟味被致候処、仍之其方共筋なき儀御願申上候段奉誤《アヤマリ》候段得心致候哉と被申候得者、私共ハ何も不存、委細ハ善助・藤七存居候間、彼等へ御尋可被下と申候得者、善助・藤七も呼出置候間相尋可申候、其方共ハ何も不存不存《（衍）》儀一統ニ願候段無調法□《（とカ）》存候哉と被申候処、左様ニ御座候とも決而不申、段々吟味被致候得者如何様ニも御吟味之趣次第ニ可仕候段申之候ニ付、左候ハヽ、追々是迄申候趣口書今日之申口印形致可申哉と被申候得者、奉畏候段申之、左候ハヽ、暫時居候様ニ被申之、又々仮り牢ニ入罷有臾過候而被呼出、口書出来ニ付読被聞承知ニ候哉、承知ニ候得者印形ヲ取申候段被申候得者奉畏、左候ハヽ、追而印形取可申候、牢ゟも出可申候間、左様ニ相心得引可申旨被申渡候付、又々牢へ引出シ候、其上善助・藤七被呼出候而吟味之趣ニ付其方共能存知居候様ニ外百性共申之候処、存知居候哉と段々相尋被申候処、私共計ニ而ハ得(篤)と難申上候間、弥惣右衛門も御呼被下候ハヽ、委細可申上、尤前後ハ可仕候得共、有体ニ可申上旨申候得者、左候ハヽ、追付庄屋召呼可申候間、夫迄ニ能分別致し置、相尋候節委細申可達候、先今日者引取り候様ニと被申、又々御屋敷江連帰り申候、尤夜ニ入候間、武右衛門・代右衛門も引可申旨被申、則越前様へ御届ケ罷帰り候様ニ被申候ニ付、夜入六ツ半ニ御届ケニ罷出引取申候

一同日夜九ツ時ニ越前守様御用人中様ゟ明四日五ツ時ニ御評定所江武右衛門・代右衛門両人伊右衛門召連罷出候様御差紙到来、左之通

別紙名前之仁同道人差添、明四日五ツ時評定所江御差出可被成候、此段可申進旨越前守申付候、以上

五月三日　土屋越前守内

安田條右衛門

石野治左衛門

塩谷忠兵衛

高木新兵衛様

御留主居中様

別紙

三輪武右衛門

三輪代右衛門

四日　天気吉

一明六ツ時ゟ御評定所へ伊右衛門差添武右衛門・代右衛門罷出候処ニ、夥敷御召出ニ而諸大名・諸御はた元(旗本)・御

家人計も八十人余相見、其外大分之御呼出しニ而八ツ過比御呼出し之処、御奉行様方不残御立会ニ而百性弐十八
人之内十三人程召出され、武右衛門・代右衛門も一所（諸）ニ而御評席へ御呼出しニ而、百性共へ越前守様被仰渡候ハ、
其方共願之筋是迄段々及吟味候処、役人共取計ハ一ツも非道之筋無之ニ付一言之申分ケ無之、得心仕口書証文
相認、只今よミ聞セ候趣得と承知仕候へと被仰候へハ、横屋幸之進御書付よミ被為聞候趣ハ、百性最初差出候
願書尚又御吟味ニ付段々申上候分ケ、武右衛門・代右衛門申開之わけ、其上段々利かい（害）被仰聞候処、一言之申
わけ無之あやまり奉り、役人地頭役人へ対し少シもうらミヶ間敷義無之、御免可被下置候と申留（ママ）と相聞へ申候、
右幸之進よミおハられ候へハ、越前守様百性へ被仰候ハ、あの通りニ相違ハ無之哉と被仰候へハ、成程左様ニ
而御座候と申上候へハ、役人へ対し申分ハ弥無之相違ハ無之候哉と押而御とい被成候へハ、申分無御座候と申
上ル、然ハ出牢申付ル、出牢とハ牢を出し宿江預ケ遣スそと被仰候へハ、難有奉存候と申上ル、殊外之悦ひと
御笑被成候而、武右衛門・代右衛門へ両人之者共も右之通相心得可申候と被仰、引艮（退）候上、御留主居甲斐庄武
助殿へ如何可致哉と相尋候へハ、承合可申と被申奥へ被入候而追而被申出候ハ、先今日ハ御引取可被成候と被
申候ニより、支度仕候而越前守様へ参相届罷帰候

一木村佐左衛門江昨日・今日御評定江被召出候趣書状相認、靱負様へ申上候、尚又多良ゟ五郎助様へ御返書到来、
右御草案も遣、委細申来候趣も申上候

一多良御用状到来、先月十九日出之書状、道中所々川支ニ而延引今日到来、五郎助様へ之御返書も到来

五日　天気吉

一国枝彦之進江久々無音ニ候ニ付、節句之祝と申三人ゟ之以手紙五郎助様ゟ被進候串鼠海鼠壱箱遣候、尚又此間

御評定所之趣も申遣候

一遠山靫負ゟ沢田門太夫（ママ）・木村佐左衛門以手紙為仰御重之内壱組、あん餅、二色頭饅（饅頭）、石王余魚にひたしと小串壱重、御肴、かまほこ・茸類品々七色之にしめ壱重、しん菊のしたし物壱重、右之通御取揃へ武右衛門・代右衛門御尋として被下置候、御使之人へ支度ふるまい、門太夫・佐左衛門へ難有奉存候（旨、欠カ）御請申上ル

一かつさヤ（上総屋）江此間之趣為知遣候□（久カ）助遣候故、手紙ニ而委細申遣ス、遠山様ゟ被下置候あん餅・頭饅すそわ（け、欠）として一重遣ス

六日　天気吉、暮合比ゟ大夕立・大かミなり

一伊右衛門義、御国元ゟ参候御書御返答・岩茸一折、郷右衛門へ小菊弐束持参仕、郷右衛門へ逢御口上取繕、郷右衛門へも御口上申聞候而伊右衛門段々と御難渋申立候処、五郎助様へも郷右衛門申上候而何分可然様取計い可申旨申之、此方之義ハ折々之義、其元様ハたま〳〵之御事ニ候へハ格別之御事、尤甚神田橋も難渋ニ候へとも格別御事ニ候間、何分宜御世話可被申旨申候由、遠山様へ之（ママ）右趣申上候

一多良へ此間之趣共相認書状差出候、則遠山様へ向入御覧ニ御封御差出被下候様ニ申上候事、先達而五郎助様へ御書被遣候御返書、右便りニ遣ス

七日　天気吉

一上総屋太右衛門乍見舞罷越候、支度ふるまい何角承合帰シ候

一児玉繁右衛門江此間之趣共以手紙申遣ス

十八日　昨夜ゟ大雨

十九日　雨天

一遠山様へ百性清六病死仕候旨承り候段、猶又先日十三人誤（ママ）証文御取被成出牢被仰付候節、五人御預之者共も被召出候、是も右一所ニ誤証文被召上候哉、仙蔵・□（吉）兵衛両人ハ溜メへ御預ケニ候間、然時者残而八人牢者致居候と相見申候が、承り候へハ入牢之者共残らす出牢致候と申沙汰御座候、溜御預ケ両人計残り、何茂誤証文仕候事、此義ハ徳（篤）と相知レ不申候旨今日佐左衛門へ申上ル

廿（十）日　雨天

一伊右衛門越前守様へ罷出惣助へ内聞合致度義有之候ニ付、八ツ過ニ罷出候而承合、暮合比ニ罷帰候

十一日　雨天

一

十二日　雨天

一今朝越前守様へ伊右衛門罷出候処、夕方参候様ニと申義ニ而罷帰候

一九ツ比伊右衛門義網代郷右衛門ゟ伊右衛門方へ手紙ニ而申来候ハ、此度時山村一件之御書物五郎助一覧被致度

旨被申候間、御見セ可被下候と申来ル、仍之伊右衛門持参可仕与返事致、八ツ時比越前守様へ参懸ケニ兼而認置候返答書下書ニ而委細相聞へ候故、之を伊右衛門持参仕候処、五郎助様御留守ニ而郷右衛門へ逢相渡し候処、郷右衛門申候ハ、此義も神田橋へ被参候節不被存候而ハ手もち悪敷候故、為挨拶被致候時之■ニ一覧致被置度被存候、神田橋へも此間両度被参候、又々明日被参候筈ニ御座候と郷右衛門参比咄致、様子宜御義理合ニ相成、無御拠御取持被成候様ニ相見へ、趣宜敷体と伊右衛門申聞候、且神田橋御留守居九十九(小寺)へ御書之義も郷右衛門へ割入内談致候処、是ハ先御無用ニ被成可然旨郷右衛門申聞候ニ付差控置候事、それゟ直ニ越前様へ参惣助ニ逢罷帰候

十三日　雨天

十四日　天気あがり、少々曇り

一今朝網代郷右衛門ゟ伊右衛門へ以手紙申来候ハ、御知行御百性出訴一件此間毎日御吟味ニ而御様子も宜様ニ承り候、右之趣御認被成候而今日九ツ時迄ニ御越被下候様ニ五郎助被申候と申来り候ニ付、最初ゟ是迄御公辺御取扱之趣有増相認候而伊右衛門ゟ差遣候事

十五日　天気吉、九ツ比ゟ雨天

一日光御法会被為済御恐悦之御国御使者、今日伊右衛門同道ニ而松平右京大夫様(松平輝高)・阿部伊予守様(阿部正右)・板倉佐渡守様(板倉勝清)へ相勤候、善田又四郎相頼候而、御国使者ニ致差出候処、無滞相勤罷帰候

一右御使者相勤候序而ニ甲斐庄武助殿へ伊右衛門乍見舞立寄、此間御沙汰も無御座出牢外之百性共如何ニ相成候

哉、病死之者も有之由、尚又庄屋も被召候義哉、如何之御様子と伊右衛門咄ニ候様ニ承合候処、武助殿被申候ハ、此何共様子不承候故不存候、是ハ拙者承候而可申進候と被申候由、溜へ参候者ハ極悪敷者共之事と被申候由

十六日　曇り、夕方雨ふり

一九ツ過多良御用状到来、時山百性入牢之者へ届物ひとへ物二十三来ル、鳥目之義ハ彼是申不出候由ニ而追而差出申候ハヽ、指下可申旨申来ル

一今日善助・藤七へ弥惣八内々承り候処、百性共病死仕候者共五人御座候由、清六・勘兵衛・八郎兵衛・弥太右衛門・吉兵衛、右五人相果候由善助咄申候由

十七日　朝之内雨天、四ツ過ゟ雨止ミ曇り

一伊右衛門、又四郎一昨日相勤候御国使者之御返答御奉書御請ニ罷出候

一越前守様御用人中ゟ手紙到来、左之通り

被申達儀有之候間、各様之内御壱人明十八日八ツ半時越前守御役所江御出可被成候、此段可申進旨申付候、以上

五月十七日

伊右衛門罷出留主ニ付、左之通り請取遣ス

一御手紙　壱通

奉請取候、今日留主居藤牧伊右衛門儀御奉書御請ニ罷出候間、未帰宅不仕候間、帰り次第自是御請可申上候、

以上

五月十七日　　高木新兵衛内
　　　　　　　青山武太夫

土屋越前守様御内
　安田條右衛門殿
　石野治左衛門殿
　塩谷忠兵衛殿
　　御使中　平沢和藤次

一伊右衛門罷帰り（ママ）ニ付御請相認、越前守様御役所へ差出候

一伊右衛門儀、越前守様御役所江罷越惣助ニ逢、先達而被仰渡候牢舎（者）共江届ケ物之儀在所ニ而□（申）渡候処、壱人前百五十文ヲ頭として、百文或者五十文、廿四文と申様成事ニ而中々相調不申、仍之着替へ者差越候得共、銭之儀者何とそ壱人前弐百文宛都合仕差越申候様ニ役人共取計可申旨申越候、然所ニ暑ニ相成候間、着替へ者急ニも入用ニ可有御座候間、此段御内々相伺候段申候処、惣助被申候者、先達而少々出牢被仰渡、外ニ病人も有之、何れも出牢致居候間、届物此方ゟ世話可致儀ニも無之、尤行司之者共江申渡宿ゟ請取参り候様ニも相成可申哉、請取参り候ハヽ、御相対ニ可被成之由被申候事、尤病死之者共御心得ニも相成可申候間、名前左之通り

五月朔日　勘兵衛　　五月五日　八兵衛
五月二日　弥太右衛門　五月七日　吉兵衛
五月八日　清六

五月十八日　くもり

一水野様江之多良ゟ御状届ケ

一神田橋江之御状共届ケ

一国枝（彦之進）江周右衛門書状届ケ

一甲斐庄殿江様子承りニ伊右衛門手紙遣ス

一越前守様御用人中ゟ昨日御差紙之趣ニ付今八ツ時ニ罷出候処、惣助罷出被申聞候者、百姓共宿払一切不致、仍之当月ゟ神田筋ニ預ケ置候宿格別之難渋ニ付段々相願候得共（間）、御吟味中ニ候得者御地頭ゟ御差出可被成儀とも及御挨拶かたく候得共、余り難儀之段相願候間、落着迄之内御取かへ被遣候様ニと有之候ニ付、伊右衛門挨拶仕候者国元江申遣百姓共ゟ取立相渡可申哉と申候得共、夫も早速間相（合）可申儀ニも無之、何分少々宛ニ而も御取かへ被遣可然旨被申、左候ハヽ、事済之上ハ百姓共ゟ取立可申哉と伊右衛門申候得者、夫ハ勿論百姓出筋ニ相成候得者身代限りニ而も急度取立申付候間、強而急度御差出シと申儀ニ者無之候得共、何レニ茂御取かへ候様ニと有之、則宿屋願書伊右衛門かし被申候処、左之通

乍恐書付ヲ以奉願上候

高木新兵衛様御知行所
濃州石津郡時山村
組頭
勘右衛門
外
十三人

一旅籠銭百弐拾七貫八百六拾四文　当正月廿一日ゟ同四月朔日迄

外ニ
金弐分医師薬礼
神田旅籠町壱丁目四郎兵衛店権兵衛奉願上候、当正月廿一日外御用ニ而御評定所江罷出候処、右者共御吟味中私方へ□□(宿御)預ケ被為仰付、奉預り罷有候処、親権兵衛儀二月廿九日病死、尚又其後私并母病気故家主方ゟ御預ケ替へ奉願上候得者、願之通被為仰付難有奉存候、然所、母并ニ年来召仕候者先月中病死仕、私儀も漸々此間快罷成候得共、今以引続病人有之渡世も難相成程差詰り甚難儀仕候、仍之奉願上候者未御吟味中至而恐多奉存候得共、前書奉申上候通、格別之大変ニ逢取続かたく相成無是非御歎申上候、何とそ以御慈非(悲)ヲ右御預ケ中旅籠□(銭)并ニ医師薬礼被下置候様奉願上候、勿論三月十二日奉願上候節者私同様奉預り候馬喰町三丁目半兵衛店利左衛門(白川屋)一同ニ奉願上候得共、此度ハ格別之儀ゆへ私壱人奉願上候、右願之通被為仰付被下置候ハヽ、相助り御救と難有仕合ニ奉存候、以上

明和二年酉五月

神田旅籠町壱丁目
家主四郎兵衛店
江戸宿　権兵衛印
家主　四郎兵衛印
五人組　長兵衛印

御奉行所様

十九日　曇り

一伊右衛門越前守様へ参上仕石井惣助ニ逢内々申入候者、昨日被仰聞候宿払取替之儀、及御聞被下候通、新兵衛

不勝手之上右出入旁以入用多ク甚金子差支難儀仕候ニ付、右之一件ニ付役人共差下置候ニも入用等差支金子差
下シ置候儀も仕兼、漸々当分〳〵ニ取□(賄カ)等仕候仕合故、只今少分相渡候義も難仕候故、国元へ申遣早速少々□(宛)
□□□(ニ而も、カ)差下し候様申遣候、役人共へも色々内(ママ)仕候得共、何分此表ニ而調方無御座候間、此段御手前様迄得御
意置候と申候へハ、惣助申候者、越前守罷出未帰宅不致候間、帰宅次第可申聞候と申、此義ハ少シも早ク御渡
被成候方可然奉存候と申候由、伊右衛門罷帰候惣助申聞〔宿ハ御呼被成候哉と〕□(故、カ)、未呼不申候と申候へハ、御呼被成候而被仰渡候
様ニと申聞候、又伊右衛門申候ハ、宿早速召呼被申聞候と申罷帰候

廿日　天気吉

一神田壱丁目宿権兵衛呼ニ遣候処、家主と両人罷越候ニ付伊右衛門逢申渡候ハ、此間越前守様御番所ゟ被仰聞ハ、
其方宿払之儀甚難渋ニ候間、此方ゟ取替少々宛ニ而も相渡候様ニ致候様ニと被仰聞候、尤地頭相手之事ニ候間、
地頭ゟ可相払筋ニもなく候故、急度相渡候様ニとハ被仰付かたく、宿すくい之ため可成義ハ取替候而も可然旨
ニ被仰渡候へ共、存之通此方ニも甚入用相懸り、殊外金子差支此表ニ金子無之候間、国元へ申遣候間、参着次
第少々宛ニ而も取替□(可)申候間、其通相心得可給候、申渡候へハ奉畏候、何卒奉願候、甚なん儀仕候旨申候、尤
此旨御役所へも御届可被申哉と尋候へハ、成程是より越前守様御役所へ右之趣御届申上候而□(罷)帰候と申候故、
然ハ御役所表も宜頼入候と申、尚又百性共へ届物ひとつ物二十三国元ゟ来り候、是其方ゟ相渡可給哉と申候
へハ、其儀ハ只今私方ニ宿不仕候故、白川屋利左衛門へ御渡可被下候、尤私ゟ利左衛門へ□(申)通し候而明日利
左衛門参上仕候様ニ可被申聞旨申罷帰候
一酒井五郎助様郷右衛門ゟ伊右衛門へ手紙到来、今日得御意度候間御出可被成旨申来り、後刻参上可仕旨申遣候

而伊右衛門□□(参候)処、郷右衛門逢候而申聞候ハ、兼而神田橋へ被仰入候御借用金子之儀、五郎助折々折々被参候而何卒首尾致候様ニ被存色々と被申候処、此間神田橋被申候ハ、無拠御頼ニ候へ共此方ニも御役後甚不勝手、其上知行所悪敷、殊外手つまり(候、欠カ)ニ故御断被申度候へ共、段々被仰聞候趣ニ而ハ無御拠御入用、殊ニたま〳〵之御頼候故半金御用立可被申旨被申聞候間、左様ニ御心得被成候而明明後廿三日ニ御請取ニ御出可被成候、五郎助ゟ御渡可被申候と申、尤御国元御役人・貴様御両人之御請取書御持参可被成候と申聞候ニ付、伊右衛門申候ハ、昨日も御役所ゟ又々五、六十も存外之義被仰付候ニ付、今日こなた様へ御催足(促)ニ参上可仕与奉存候義ニ御座候、先半金ニ而も五郎助様御世話故□(と)奉存候、早速国元へ申遣候ハ、新兵衛忝奉存候旨申、それゟ越前守様へ参惣助ニ逢、神田宿へ申渡引合遣候旨申達候へハ、承置候、越前守罷帰候ハ、可申聞候候(衍)と申、尤先刻宿も罷出聞候と挨拶有之由

一多良江此間之趣相認候而十七屋便り書状差出し候、尤五郎助様御様子ハ伊右衛門越前守様へも相勤罷帰□□(候故)相知レ不申候内十七屋へおそなわり候故、書状差出五郎助様御様子宜事ニ候ハ、明日尾州便りニ書通、遠山様へ向可遣と申積りニ而十七屋へ差出候

廿一日　天気吉

一神田橋一件五郎助様ゟ伊右衛門へ被仰聞候趣書状相認、佐左衛門方へ向遣候、尤幸定日出月ニ候間、一覧之上差出被呉候様相頼遣候、則佐左衛門返事ニ者、靫負様へも入御覧思召も無之候ハ、今晩定日便り差遣可申旨申来り候

一伴与惣兵衛御機嫌伺ニ相見へ伊右衛門逢申候、尤酒出ス

廿二日　晴天

一国枝彦之進見舞被申候事、くわし（菓子）・そはきり・吸物・酒出ス

廿三日　天気吉

一伊右衛門義右近将監様《松平武元》・大井伊勢守様江罷越、それゟ酒井五郎助様へ罷越□《候カ》処、未神田橋ゟ御沙汰無之候間、御沙汰有之次第是ゟ御左右可申候と郷右衛門申候由ニ而罷帰候

一国枝へ昨日之挨拶ニ伊右衛門ゟ手紙遣候

一水野豊後守様へ御国ゟ奥様御文来り、伊右衛門ゟ相届候

一甲斐庄武助殿へ伊右衛門ゟ以手紙、此間御沙汰も無之候ニ付庄屋ニ而も被召候故之御延引哉、如何御様子御承知被成候ハヽ、被仰聞被下候様ニと相頼遣候

一十六日出之多良ゟ之書状、道中四日切川支ニ而今日着、入牢之者共へ届物銭先達而差出不申、段々吟味ニ及候得共、百五十文ヲ頭とし百文、五十文或ハ廿四文、外ニ庄屋ゟ壱分取かへ差出候旨申来ル、尤口書等取之候而差越候

一甲斐庄ゟ返事申来候者、此間懸り留役横谷幸之進《ママ》へ逢候而承候処、百性十三人出牢之外病人多宿下り申付有之候処、大病之者も有之候由、庄屋義ハ地頭へ引合候而、差紙ニ而直呼ニ参候積りニ越前守へ申通し有之候由、委細之趣ハ吟味中故咄不成旨ニ候と申義、内々ニ而返事ニ申来り、此書面火中被成可被下候と申来ル

廿四日　天気吉

一多良ゟ書状来ル、時山村吟味ニ付病気不参断書無之ニ付

廿五日　晴天

廿六日　晴天

一善田又四郎御使者ニ相頼候ニ付、為挨拶金百疋遣候

一百性共着替請取ニ差越候様神田旅籠《ハタゴ》町壱町(ママ)目権兵衛方ゟ通呉候様ニ申遣候処、未取差越不申、猶又小遣銭も差越申候間、左之通手紙遣ス

以手紙申入候、先日ハ御出御太(大)儀ニ存候、弥御無事ニ御暮被成珍重存候、然ハ先日御頼申候百性共着替之儀、未請取ニ差越不申候、御申通□(シ)被下候哉、且又入牢之内ニ御番所江相願候而在所へ申遣呉候様致度旨□(ニ)付申遣候処、小遣銭も妻子共ゟ少々宛指越此間着致候ニ付、是以一所ニ可相渡ト存候得共、請取ニ差越不申候、彼等宿之儀も不案内ニ候間、猶又宜敷御取計頼入存候、以上

五月廿六日　藤牧伊右衛門

神田旅籠町壱丁目
権兵衛様

廿七日　晴天

一遠山様ゟ木村佐左衛門被遣両人之者へ御懇之御尋被成下置、尚又此間之様子如何哉と御尋被遊候、先日申上候

通未何之御沙汰も無御座候趣佐左衛門へ咄候処、佐左衛門被申聞候ハ、靭負様ニも如何□□御延引之趣無御心元思召、此間児玉繁右衛門御呼被成候而、御留役之内心安方候ハ、聞合被呉候様ニと被仰候処、向山源太夫と申仁心安当時筆頭ニ而御座候、是へ承り合可申と被申承□□(り合)被申候処、向山被申候ハ承候処、地頭役人中ニ一ツも手ぬけ無之至極之首尾相ニ相聞へ申候間、近内ニ相済可申と被申聞候旨児玉被申候上、靭負様甚御案堵(安)被成候、右□□□(之趣故)先はなくすりなとハ却而上首尾之支へ、不入ものと御申被成候旨佐左衛門被申聞、此旨両人へも咄候へと被仰付候由段(ママ)御ていねい成御事共、尤佐左衛門長座故吸物・酒出シ茶つけふるまい、夜ニ入佐左衛門帰り候事

廿八日　晴天

一網代郷右衛門ゟ伊右衛門方へ手紙到来、先達而神田橋へ御勤被成候御本使・別使の御性(姓)名承り呉候様ニ神田橋ゟ申来り候間、被仰聞被下候様ニと申来り、伊右衛門書付遣候、又郷右衛門ゟ内々書ニ而申来候ハ、金子之義□(もカ)一両日中ニ請取申筈ニ候間、其節可申進候と極内々ニ而申来り候

廿九日　晴天

一網代郷右衛門ゟ神田橋江御頼之儀ニ付引合申度儀有之候間、相越候様伊右衛門方へ手紙到来ニ付、早速伊右衛門参上仕候処、五郎助様御逢被成候而被仰候者、先達而神田橋江御無心之儀、無拠儀ニ候得共御勝手向御指支、殊ニ御領分御損毛等多候ニ付、何分御無心之金高難調候得共、誠ニ無拠儀ゆへ半金調達致シ候旨ニ候間、則今日[redacted]神田橋ゟ差越候間相流シ候段被仰百両御渡シ被成候、猶又神田橋御役人中より五郎助様へ口上書為御見被

成候、左之通

今度高木新兵衛様御知行所百姓出訴一件ニ付無拠御用入之趣ニ而金弐百両御借用被成度之旨委曲御承知被成候得共、此方様ニ茂打続キ御物入多、其上近年御在所両度之損毛ニ而御拝借等も被仰出候程之次第ニ御座候得共、此度之御入用御内証之儀ニ□(も)無之事故、金百両被遣候、此趣宜敷被仰遣候様ニと奉存候、以上

五月晦日　晴天

一左衛門(酒井忠寄)慰(尉)様御用人中ゟ今日武右衛門相越候様手紙到来、仍之伊右衛門参上、武右衛門儀差支有之候間如何様之御儀ニ候哉、私へ被仰渡被下候段申達候処、中村清蔵申聞候ハ、随分宜敷御座候、先達而新兵衛様ゟ御使者ヲ以被仰聞候趣酒井五郎助様ゟ委細御返答有之筈ニ候間、其□(旨カ)承知ニ而五郎助様ニ而承り候様ニと被申候事

一昨日請取候金子封之儘遠山様へ遣候、御□(開)封之上三拾両此方へ御渡、七拾両□□(御預)り置被下候様ニと佐左衛門へ頼遣候、則靫負様御前ニおゐて御披封、三拾両御渡シ、七拾両御預り置被成候、仍之預り書付佐左衛門ゟ来ル、右書付□(者)多良へ上ル、三拾両ノ請取佐左衛門方へ遣候

六月朔日　晴天

一越前守様御用人中ゟ手紙到来、左之通

以手紙致啓上候、然ハ御知行所時山村庄ヤ共之内先達而御呼出之儀御達申候儀有之候哉、御報ニ被仰聞可被下候、以上

六月朔日

高木新兵衛様御内
御留守居中様

土屋越前守内
安田條右衛門
石野治左衛門
塩谷忠兵衛

御手紙致拝見候、然ハ知行所時山村庄ヤ共之内先達而御呼出之儀御達被遊候御儀御座候哉、貴報ニ可申上旨承知仕候、未右之段御達之儀者無御座候、左様ニ思召可被下候、以上

六月朔日

一越前守様ゟ御差紙到来、左之通

被申達儀有之候間、各様之内御壱人只今越前守御役所江御出可被成候、此段可申進旨申付候、以上

六月朔日

土屋越前□□（守内）
安田條右衛門
石野治左衛門
塩谷忠兵衛

高木新兵衛様
御留守居中様

右御請遣ス

一多良へ之書状相認遠山様へ向遣、御覧之上思召も無之候ハヽ、則定日ニ御差出可被下旨申遣候

一越前守様御役所伊右衛門罷出候処、御用人被仰聞候者、御知行所時山村庄ヤ弥惣右衛門御呼出シ候間、早々罷下り候様被仰遣、着次第越前守御役所へ御差出可被成候、尤村役人壱人差添罷下り候様可被仰付候、村役人無之ハ組頭或ハ百姓代ニ而も能候段被申之候、則御書付左之通

濃州時山村
庄屋
弥惣右衛門

右之者早々呼出、着次第越前守御役所へ可被差出事
酉六月
右御書付請取夜入罷帰り候処、書状相認差出候儀、飛脚出之間ニ合□(不)申候間、明二日差出ス

六月二日　晴天

一時山村庄屋御呼出之儀、書状相認道中四日限りニ而日本橋十七屋へ向て差出ス、尤大切之御用故、同様ニ書状認遠山様へ頼遣候

一紀州様(徳川重倫)御家督御祝儀御使者今日伊右衛門相勤ル、干鯛箱・御樽代三百疋

六月三日　晴天

六月四日　七ツ過ゟ夕立雨ふる

一靱負様ゟ両人之者御尋として沢田門大夫・木村佐左衛門連名之以手紙麦切重壱組被下置候、且多良へ庄屋呼出之書状も便り無御座故、明日御七里便り有之候間、可被差出旨申来ル

同五日　天気吉

一上総屋太右衛門相見何角之義共遂内談候、菓子取寄出ス

一御国状到来、五月廿九日出之書状也、但し、金子三両到来

一児玉繁右衛門へ伊右衛門罷越宿代之義承合候処、此義ハ過半□御渡被成候而可然事、小金御渡被成奉行所ゟ察

斗(当)御座候時ハ却而悪敷御座候、一向不残一度ニ御渡なと被仰付候而も御出被成候事ニ候間、只今余程御渡可然旨
児玉被申候由ニ候

六日　天気吉、少々くもり

一多良江之書状昨日之返事出ス、昨日来ル金子三□(両)相返シ候事、尤靱負様へ入御覧候上ハ佐左衛門ゟ尾州便り出
ス

六月七日　雲り、殊外冷強シ

一伊右衛門土用見舞罷出候、定右衛門・惣助・武助殿・彦之進・遠山様へ参上、尤彦之進へ砂糖三斤入壱ツ持参
一越前守様へ参上、惣助ニ逢内々相尋候ハ、時山村ゟ□(書)状差越候処、百姓共へ遣可申哉之旨相尋候処、御吟味中
故無用之由ニ御座候、助右衛門病気之儀再御届之儀相尋候処、差出候様ニとの御事ニ候
一伊勢屋嘉右衛門土用見舞参候事

同八日　曇り、殊冷強シ

一神田宿権兵衛へ宿代為可相渡ス呼手紙為持遣候処、其あとへ権兵衛参候ニ付伊右衛門逢候而□先達而被相願候
宿代之義、国元へ申遣候処、於国元ニも此度入用大分相懸り金子払底相調兼候ニ付、金五両差下候ニ付相渡申
候、此義も其元其元(衍)甚難義之趣申遣候ニ付、国元ニ而も甚不調之処、其元難渋之所気毒ニ存不成処を少分なから
も相調差越候と申相渡候へハ難有旨申之、尚又残金之義も奉願候旨申候ニ付、成程其義も国元ゟ差下シ次□(第カ)少

分宛ニ而も可相成と申候へハ、難有奉存候旨申候、則請取書差出、尚又御奉行所様へも御届可申上申(旨、欠カ)候、且又伊右衛門相尋候ハ、先達而申遣候百性共きかへ届物之義未宿相見ず候と申候へハ、それハ私申聞候間、可参筈ニ御座候、何迚不参候哉、又々可申聞候と申候、右権兵衛咄申候ハ、また外ニ相果候者も御座候様ニ承知候と申候、右之通ニ而罷帰候

六　御用日記　六番（明和二年六月九日～一〇月一七日）

（表紙）「明和二乙酉年六月九日ゟ

日記　　六番

但、江戸表ニ而時山一件書留也」

六月九日　晴天、冷ヘ申候

十日　晴天、冷

十一日　天気吉、冷

一助右衛門（小寺知雄）病気未不相勝候間、越前守（土屋正方）様御番所へ御届ケニ罷出、左之通

高木新兵衛（高木篤貞）家来
小寺助右衛門

右之者先達而御呼出御座候処、病気ニ付出府難仕旨御届ケ申上候、然所、今以病気同篇ニ罷有候ニ付出府可仕体ニ無御座候、依之猶又御届申上候、以上

六月十一日

高木新兵衛家来
藤牧伊右衛門

一右罷出候序ニ薩摩守(島津重豪)様へ暑中之御使者相勤ル
一西村源右衛門相見へ候事、菓子出ス
一大嶽弁蔵ゟ書状尾州ゟ来ル、三五郎(高木正幹)様より智窓院様へ之御書

十二日　天気吉、涼敷

一伊藤源左衛門見舞ニ相見候、酒・茶つけ出ス

十三日　晴天、涼敷

一伊(藤牧)右衛門本庄江暑中御伺ニ参上之事

十四日　晴天、涼敷

一山田新五兵衛ゟ伊右衛門方へ、明十五日飛驒守(小笠原信房)様御登城之御奉書御到来之由手紙来ル

十五日　晴天、暑之気味也

一飛驒守様御登城ニ付、御附使者伊右衛門参上

十六日　晴天、中暑也

一先達而多良遣候書状返事参り不申候ニ付、十七ヤ向名古(屋、欠)届ケニ書状出ス

一先達而百姓共着替之儀神田権兵衛方へ向申遣候処、未請取ニ差越不申、仍之左之通馬喰町利左衛門方へ伊右衛
門手紙遣ス
以手紙申入候、然者時山村百性（姓）共先達而入牢之砌、着替へ・小遣銭等之儀御当地ニ相頼可申旨《者》無之候間、拙
者方ゟ在所へ申遣取寄呉候様越前守様御役所へ相願候由ニ而、取寄遣候様被仰渡、仍之在所へ申遣取寄せ、
則御役所へ申上候処、百性共出牢致罷有候間、神田旅籠丁（町）権兵衛方へ致通達候而向々江相達候様《請取》ニ参り候
ハ、相渡候様ニと御事ニ候処、権兵衛方へ一両度も申達候得共、請取ニも差越不申故、如何ノ間違ひニも有之
候哉承度、如此ニ候、以上

六月十六日

高木新兵衛内
藤牧伊右衛門

白川屋
利左衛門様

右手紙差遣候処、返事差越不申、百性共へ申聞へ（ママ）、明日ニも請取ニ遣可申旨申来り候事
一多良へ書状出序ニ飛騨守様御暇之儀、慈光院様御法事之儀、板倉内膳正（板倉勝承）様御死去後御相続之御祝之儀申上候事

十七日　晴天、風有、暑之気味

一多良ゟ書状参り不申故、木村方（佐左衛門）へ承り遣ス、尤尾州へ三五郎様御作之風香遣ス
一馬喰町宿共七人参候ニ付伊右衛門逢候而、時山ゟ差越候着物・鳥目書付を以引合候処、則受取相渡可申旨申候
処、右手代共故荷物《持》召連不申候間、明日ニ而も被遣可被下候、其節右御請取ニ印形相調差上可申候、御百性ゟ
爪印ニ而も取差上可申哉と申候ニ付、それニハ不及、其方より請取書印形致差越被申候へハよく候、御百性ゟ

ハ其方へ請取書取り置被申事と存候と申候へハ奉畏候、林助義ハ先達而願之節宿預ケニ而居候故か、右届物書付ニ無之候処ニ、宿申候ハ、林助義御書付ニハ無之候処、此者一向着替無御座、尤遣い銭之義ハ私取替遣候へとも、着替之義ハ致方も無御座候、此義ハ何卒御勘弁被成下置候様仕度候、勿論御願申義ニハ無御座候へ共、御咄申上候と申候ニ付、伊右衛門申候ハ、其義ハ此方ゟ遣シ候事ニも無之候、是ハ病死之者共も候へハ、□(仲)間之者共了簡ニ而借シ申候而も□(よカ)き事ニ有間敷哉、しかし、差図ニ而ハ無之と申候へ(ハ、欠カ)、宿申候ハ、私義も左様ニ可被仰と奉存候故、相伺度御咄申上候、左様候ハヽ、其趣ニ取計い可申と申候ニ付、何れ共百性共了簡次第ニ候、□(右)着替・鳥目之義ハ不残明日可遣と申通シ候

一多良ゟ書状到来、宮飛脚便り十二日出之状ニ而庄屋病気ニ而延引之旨申来ル、神田橋并五郎(助、欠)様(酒井忠敬)へ之一義も申来候ニ付、右書状着為御知、尚又御相談旁多良ゟ之来状も入御覧、木村佐左衛門へ手紙相添遣ス、御書も被進候故差上候事、右遠山様(遠山景慶)ニも思召寄無御座候間、伺之通至極〳〵可然候間、庄屋義も此方より申上候通宜御奉行所へ相届候様ニと被仰越候、酒井様一件も此方存寄之通り取計い候様ニと被仰越候事

十八日　晴天、風強シ

一昨日引合之通馬喰丁江口屋仁右衛門へ伊右衛門以手紙百性共着替二十三并小遣い銭(金)壱分ト銭(壱貫、欠)六百八文為持遣候、則請取書付左之通

覚

一御知行所美濃国時山村御百性中之着替へ弐十三、銭壱貫六百八文ト金壱分差越被遣被下、右之者共方へ無相違相渡シ、私方へ右者方ゟ請取私方(マヽ)へ取置申候

一着替へ二十三

一金壱分

一壱貫六百八文

右之通私方へ慥請取申候、為念如此御座候、以上

馬喰町壱町目(丁)

江口屋

仁右衛門印

明和二年酉六月十八日

高木新兵衛様御内

藤牧伊右衛門様

一青山喜兵衛へ被下候御目録伊右衛門へ相渡シ遣候

十九日　晴天

一木村佐左衛門相見へ被申聞候ハ、今日ハ水野内膳頭(水野政勝)様へ御使者ニ罷越候、右次(序)而なから各様如何被成候哉御尋申候様ニ靱負(遠山景慶)様被申付候、何角と御用多御尋も不被成候間、宜申入候様ニと被仰候旨、御懇意之御尋ニ候事、酒出シ緩々物語、酒井一件旁引合神田橋へ之御礼御書認被頼遣候事

一青山喜兵衛へ御目六(録)被下候御礼ニ善田又四郎相見候

廿(日、欠)　晴天、昨夜雨ふり

一土屋越前守様へ時山村庄屋弥惣右衛門病気ニ付急ニ出府難仕日延御断申越候趣御届ケニ伊右衛門罷出候、則御

届ケ□(書)左之通

濃州時山村
庄屋
弥惣右衛門

右之者早々出府仕候様可申遣旨被仰渡、早速申遣候処、弥惣右衛門儀当月三日ゟ病気ニ罷有候由、仍之新兵衛家来并医師差遣候処、腹痛強吐瀉仕暑湿当りニ御座候ニ付、急ニ出府難仕日延之儀奉願候、少々茂快候ハヽ、早速出立可仕候間、暫之日延奉願上□□(候段)申越候ニ付、右之趣御届ケ申上候、以上

六月廿日
高木新兵衛家来
藤牧伊右衛門

右之趣御届ケニ罷出候処、[redacted]多小十郎罷出時山一件ニ候ハ、私掛りニ御座候間、私へ可被仰聞、外ニ御用事も候ハヽ、惣助(石井)可申遣と被申候ニ付、時山一件ニ候間、可申上と及挨拶右御届ケ之訳申達候処、夫ハ庄屋不出故御吟味延引ニ相成罷有候処、何とそ急ニ罷出候様ニハ相成申間敷哉と被申候処、病気之儀故何時ニ快気可仕哉之儀ハ難申上、尤格別重キ病体とも不相聞候間、少々快気ニ候□□□□□(ハヽ、出府ハ可仕、カ)と申候得者、左候ハヽ、私了簡ニ而何れとも難及御挨拶候間、越前守へ申聞候而御挨拶可申候間、乍御太(大)儀今晩か明朝ニ而もちよと御出可被成と申儀ニ而罷帰り(ママ)

一酒井五郎助様へ御使者伊右衛門相勤ル、御袴地三反・御肴代□□(五百)疋并郷右衛門(網代)へ晒代銀弐枚持参仕候処、五郎助様御留主ニ而郷右衛門ニ申置罷帰候

一伊右衛門越前守様へ参上仕候処、北(ママ)小十郎罷出申聞候者、先刻御届ケ之儀越前守へ申聞候処、越前守一了簡ニ而も御挨拶申かたく候間、御同役方へ申談、其上何れ共可申候間、乍御大儀明晩方御出可被成候と申義、猶又申聞候者、先刻も得御意候通時山一件ハ拙者懸り合ニ御座候、是迄も惣助へ被仰聞候義共も拙者へ申聞候上ニ而

及御挨拶候義ニ御座候、殊ニ惣助病気ニ而引籠り居申候、惣助へ御逢被成候義も可有御座候得共、先時山一件ハ
拙者へ被仰聞候様ニと申聞候ニゟ(ママ)、伊右衛門申候ハ、□(是)迄惣助殿へ万事得御意候義故、惣助殿へ御懸り合申候
御懸り合之義存不申候故、御手前様へ是迄不得御意候、御懸合ニ御座候へハ尚更之義、以来万事御頼申上候と
挨拶致罷帰候

廿一日　曇り

一多良江之書状相認佐左衛門方へ向て遣候
一五郎助様御礼相済候ニ付郷右衛門御挨拶ニ相見へ候趣、并神田橋へ御礼物之儀及相談御茶ト御肴ニ而可然旨、尤
御世話申候御家老水野内蔵助・御小性頭御勝手掛り小寺屯、右両人江相応之品被遣可然と申儀ニ付、内蔵助へ
縮三反・肴、屯江縮二反・肴被遣候様ニ相談仕、則多良江申上、猶又靫負様思召伺ニ遣候
一時山村ゟ届物之節差越候書状御両所へ相伺候処、御吟味中ニ候間指戻シ候様被仰出、今日便りニ戻□(シ、カ)候
一弥惣右衛門御呼出ニ付病気御届ハ今晩被仰渡筈相□不申候間、其趣申遣候事、右伊右衛門罷帰申聞候ハ、北野(ママ)小十郎罷出申聞候ハ、時山村庄屋病気ニ付出府急仕かたき旨御届之儀、越前守申候ハ先急ニ押而参候様被仰
遣候ニもおよび不申候、右病気差重り候旨申来候共、出府当着(到)仕候共、直ニ御届可被成候、先それ迄ハ其分ニ
被成可被置候、尚又追是(ママ)得御意可申候と申義、奉畏罷帰り候事
一佐左衛門ゟ返事ニハ、多良へ之御書面入御覧御尤ニ思召候、則今晩定日ニ差出可申候、酒井様一件ハ徳(篤)と相考
明日ニも是ゟ可得御意候と申返事之事
一今晩迄相待候処、定日便り川支ニ候哉、多良ゟ之書状着無之候事

一青山喜兵衛御目六之御礼ニ相見候

廿二日　曇り

一昨夕越前守様江伊右衛門罷出被仰渡候趣、庄屋病気たり共、駕籠ニ而成共、急下り候様ニと申義ニ而も無之事を、若々於御国元急度申渡シ押而出府仕、若道中ニ而病死等仕候而ハ被仰渡ニ相違致候故、為念昨夕之趣相認、押而出立申付無之様と国元へ申遣候、尤十七□(屋)飛脚ニ差出、昨日之書状と尾州ゟ一所(緒)ニ多良へ届積りニ申遣候事

一遠山様江今日十七屋便りニ御国元江書状出シ候趣申上ル

一国枝彦之進江御国ゟ之御奉札ニかる焼一折差添遣候、尤伊右衛門ゟ手紙差添遣、難有奉存候旨申来ル

一佐左衛門ゟ返事ニ今日ぎやくふるい日ニ候故、明日委細返答可及旨申来ル

一神田宿権兵衛へ宿代相渡候積りニ而明夕方参候様伊右衛門手紙ニ而申遣候

一代(三輪)右衛門ぎやく相煩候

廿三日　天気吉

一定日便り書状不参ニ付無心元四つ谷へ承りニ遣候処、川支ニ而着無之旨申越候

一宿権兵衛参候ニ付伊右衛門逢候而申候ハ、宿代之義段々国元へ申遣置候処、金子不調ニ而此度金弐両差下シ候ニ付、□(少カ)ニ而も難渋之事ニ候故申遣候、相渡シ候、此方ニハ国元ゟ着次第ニ少シニ而直ニ相渡候事ニ候、兼而存之通甚物入多、国元ニ而も殊外不調候へとも、無拠願ニ付被仰渡候義故、少々宛ニ而も国元ニ而格別ニ而相調差越候事故、如此候、毛頭如才ニ不存候旨申、金弐両相渡候へハ奉畏請取致罷帰候

廿四日　天気吉

一木村佐左衛門ゟ使来ル、此間相頼遣候御書面共調来ル、此義も昨日書差越候処、甚御用多今日へ延引旨申来、右御書面ニ少々存寄有之、調直し相頼遣候事、且定日便り着之由ニ而、庄屋儀快能十六日ニ出立仕、明廿五日当着可仕候、此趣被仰進候、尤其元へも申可来候へとも申進候と申来ル

一定日便りニ多良ゟ之書状着、御音物銘茶・□□《うる》か参候、庄屋快当月十六日出立仕、御屋敷ゟ御添人一人御添被成道中も可成たけ九日ふりニも可致旨被仰渡、木曽路参候旨申来ル、此趣も佐左衛門へ返事ニ申遣候、右庄屋在所出立仕候旨、今夕伊右衛門御届申候積り、代右衛門きやく之義も小十郎へ内々ニ而御届ケ申上候義哉を承り申積り之事

一庄屋今晩ニも着仕間敷ものニも無之ニ付、差置所拵候事

一児玉繁右衛門江御書・うるか壱つほ伊右衛門手紙差添為持遣候、返事ニ忝落手仕候、従是御請等可申上候得共、先御序之節宜被仰上可被下候と申来ル

廿五日　晴天

一時山村庄屋病気快気仕、当月十六日ニ在所出立仕候旨国元ゟ昨夜申越候旨、越前守様御役所江為御届伊右衛門罷出候、尤新兵衛ゟ家来壱人差添遣候旨申越候段も、御届書之外口上ニ而申上ル積り、右御届書左之通

濃州時山村
庄屋
弥惣右衛門

右之者出府之儀、病気ニ付日延之儀先達而御届申上候処、早速快当月十六日出立仕候段在所ゟ申越候間、御
届申上候、以上

六月廿五日

高木新兵衛家来
藤牧伊右衛門

一木村佐左衛門江昨日認替頼遣候御書取ニ遣候処、御書相認替参候
一伊右衛門罷帰申聞候ハ、越前守様へ参北野小十郎へ逢御届書付差出口上申候へハ、越前様ニハ御留守ニ而小十
郎申聞候ハ、□(左)候ハ、庄屋何日比着致候哉と相尋候ニ付、伊右衛門申候ハ、先日積りニ□□□(而ハ今)日ニ茂着可仕哉、
明日着可仕哉、其程ハ難計奉存候旨申候へハ、左候ハ、今日ニも着仕候ハ、着次第召連当役所江御出可被成候、
夜ニ入候ハ、明朝召連御出可被成旨申由
一時山村弥惣右衛門□(七カ)ツ比着仕、百性壱人仙蔵弟、御屋敷ゟ御附人多吉壱人御附被成候而着仕候処、北野小十郎
申聞候趣ニ付伊右衛門一通り庄屋ニ逢申聞候而、今晩召連越前守様御役所へ罷出候積りニ仕、召連御役所江罷出
候処、評席へ御呼出し、国尋村庄屋年御尋帳面ニ御しるし、江戸宿も被召連候哉と御尋ニ付、伊右衛門申候ハ、
直ニ屋敷へ着仕候故江戸宿ハ無御座候旨申候へハ、御吟味迄伊右衛門へ御預ケと被仰出、伊右衛門預り一札指
上罷帰候、右庄屋儀添人共引わけ、壱人分段ニ差置候

廿六日　少シ内夕立候

一多良江之書状相認、佐左衛門へ向定日ニ遣し候事
一代右衛門疱相煩候ニ付御届申上候、御届書左之通
先達而御預被置候者共之内三輪代右衛門儀、病気ニ罷有候処、疱ニ罷成此節御呼出御座候而も罷出候体ニ無御

座候間、御届申上候

高木新兵衛家来
藤牧伊右衛門

六月廿六日

右之通伊右衛門御届ニ罷出候処、承り被置候と申義ニ候、右之序而ニ伊右衛門小十郎へ申達候ハ、此間御預被成候時山村庄屋弥惣右衛門儀、先達而善助・藤七両人も御預被置候義ニ御座候処、右之者共とハ引わけ差置、対面不為仕差置申候、此義ハ如何可仕哉、御手前様迄御内慮承り旨（候、欠）申候へハ、暫御控可被成と申候而奥へ入越前様へ相伺罷出候而、只今之義越前守へも申聞候処、被入御念候、御尤ニ被存候と申、甚宜取計い候と御ほめ之様子ニ小十郎挨拶申候由

廿七日　晴天、風有り

一酒井（酒井忠寄）左衛門慰（尉）様へ御使者伊右衛門相勤ル、尤御用人中宛御書并梅ノ下風壱箱台ニ居御肴鰡七本、右添御書左之通

一筆致啓上候、甚暑之節其元様弥御勇健ニ被成御座珍重之御儀奉存候、然者知行所百姓共出訴一件ニ付長々要脚、何れ共難取続甚以恐入奉存候得共、不顧思召をも最前各様迄御内々御助力之儀相願候処、格段之子細御聞済被成下、御同姓五郎助方を以蒙仰候趣具ニ承知仕、近来御勝手筋御難渋之御時節と申、誠ニ御厚志之程再応感感伏仕忝仕合、御礼之儀難筆紙尽奉存候、御序之節何分ニも可然様御沙□（汰）頼入存候、此段得御意度如是御座候、恐惶謹言

六月十一日　　御名御居判

酒井左衛門尉様
御用人中様

猶々、各様ニも御繁務之中、彼是御取計共過量之至ニ御座候

一右同日、右御家老水野内蔵助・御小性頭小寺屯江御使者并御書、内蔵助へ縮三反、屯へ縮二反、御書左之通

一筆致啓上候、甚暑ニ之節候得共、弥無御障御勤珍重之御事御座候、然ハ知行所百姓とも不慮之一件ニ付、当春家来共を以無拠御頼之儀申上候処、格別之子細御聞済被成下、誠ニ御厚恵之段忝仕合奉存候、御礼之儀何分可然様御沙汰可被下候、各様御多用之御中御煩労之程察入御礼難申尽候、此等之趣得御意度、目録之通致進覧之候、聊書印迄ニ御座候、恐惶謹言

六月廿一日　　御名御居判

水野内蔵助様

小寺へ之御書も同文言、但、致啓達、珍重存候、致進入、三ヶ所違ひ

同日

小寺屯様

一越前守様御用人伊右衛門呼手紙、左之通

被申達候儀有之候間、各様之内御壱人只今越前守御役所へ御出可被成候、此段可申進旨申付候、以上

六月廿七日　　土屋越前守内
安田條右衛門
石野治左衛門
塩谷忠兵衛

高木新兵衛様
御留守居中様

右御請遣シ候

一右ニ付直伊右衛門参上仕候処、小十郎罷出被申聞候者、明日御呼出御座候処、三輪代右衛門殿ハ御病気御届有之候儀故御出ニ不及、三輪武右衛門殿并ニ弥惣右衛門・善助・藤七御評定所へ五ツ半頃御差出可被成候、尤弥惣右衛門ト善助・藤七御評定腰懸ニ而茂一所ニ居□（不）申候様、勿論咄相等不仕候様引分置候様被申渡、則左之通御請書差出候、且又伊右衛門相伺候者、此度庄屋ニ附添参り候者仙蔵悴ニ御座候、何とそ親仙蔵ニ逢申度旨相願候得共、不奉伺指遣候儀も如何ニ付、此儀も御内々承知仕度と□□（申達）候処、小十郎被申候ハ、其儀ハ越前守へ申聞候上可及御挨拶之旨申之、直被相伺候処、越前守様御一了簡ニ而も難被仰渡候間、追而可被仰渡との御事ニ候

御請書

高木新兵衛家来
三輪武右衛門

濃州時山村
名主
弥惣右衛門
組頭
善助
藤七

右四人之者共、明廿八日朝五ツ半頃御評定所江召連可罷出旨被仰渡、奉畏候、右刻限無相違差出可申候、右四人之外三輪代右衛門儀も御呼出被仰付候得共、昨夜御届ケ申置候通、此節病気ニ罷有候間、御評定所へ可罷出体ニ無御座候、快次第ニ御届ケ可申上候、以上

高木新兵衛家来
藤牧伊右衛門

酉六月廿七日

一別□（ニ）弥惣右衛門・善助・藤助（七）・長之助呼出、被仰渡之趣申渡ス、尤御呼出之儀并ニ引分ケ置儀共ニ申渡シ候

廿八日　晴天

一朝五ツ頃武右衛門・伊右衛門罷出、善助・藤七ニ弥惣(東山)八附、弥惣右衛門ニ太吉附添罷出候処、宿御預ケ百姓共も御呼出有之候、九ツ頃ゟ弥惣右衛門御呼出有之、其上追々御呼出有之、七ツ頃武右衛門御呼出ニ而罷出候処、御留役御歩士目附御立会幸之進(横屋)殿被申候ハ、代右衛門ハ如何と被申候処、是ハ病気故先達而越前守様へ御届ケ申上置候処、今日も罷出候体ニ無御座候間、壱人罷出申候段申達候得者、何分一統儀ニ候間、壱人ニ而能候段(ママ)御申、先達而書留メ候寺法一件之儀ハ相済候事ニ候□(間)、抜キ可申と存候間、不苦候哉と有之候処、武右衛門相答候者、御尤ニ奉存候、御尋之儀故申上候得共、此度之儀ハ夫ニ相抱(拘)り候儀ニ者無御座候、勿論寺法ゟ出候儀故、不申上候而ハ利害相分り不申候間申上候儀、何れとも思召次第と申達候得者、寺法一件之儀者切抜、此度之一儀計ニ書付出来、其上庄屋弥惣右衛門親西右衛門儀永預之儀段□(々)申上候得共、是も預可申筋ヲ以預ケ候段役人共ゟ申聞キ候旨御申渡ニ候得共、何分弥惣右衛門初百姓共得心不仕、仍之如何之儀ニ付打上村ゟ戻シ時山へ預ケ候哉と御尋有之候ニ付、打上村ゟ免シ戻□(シ)候上時山村へ預ケとハ不申付候段申上候得共、強而庄屋・百姓申立候趣ニ付、左候ハヽ、右免シ候節誰々ニ申渡候哉と御尋ニ付、武右衛門得(篤)と覚不申旨申候得者、百姓共呼出可聞と被申、組頭共と庄屋御呼出有之候ニ付、直ニ武右衛門弥惣右衛門へ申候者、西右衛門指免シ候節申渡候者共誰々ニ候哉、組頭も一所ニ可申上旨申渡候処、夫ハ誰か得と覚不申、利八申候ハヽ、私壱人ハ打上かへより候儀覚申候段申之、其外ハ(外ハ善助・藤七ト覚申候由申候得者、藤七ハ)何れも得と覚不申候得共、御預ケニ違ひハ無之と申之、武右衛門申候者、夫ハ其方共か覚違、其節申渡シ候ハ西右衛門格別訳も有之者ニ候間、此上不宜儀取組、他領申合等致候而ハ不埒候間、随分組頭共心ヲ附他出等ハ為致申間敷旨ハ申渡シ候得共、急度預とハ不申付候段申之、彼是掛引仕候内ニ弥惣右衛門申候、何分親儀者私宅ニ而兄弟共寄合看病仕候得者、何も申分者無御座候段申之、夫ニ付御留役御申候者、

申分さへ無之候得者夫ニ而済ム事と被申、尤右弥惣右衛門申上候儀無之以前ニ御預り之証拠ニハ、西右衛門相果
候節御届不申候迚御呵り証文御取り被成候と申（哉、欠カ）、取り不申旨申之候処、取候ハヽ可有之と御留役衆先達差上置
候証文・口書等之写御覧之上、無之旨被申ニ付、弥取り不申段武右衛門申達候処、御留役御申ニ者、其節書付
取置候得者能候処、書付取り不申候儀故、右体ニ申書付取不申段者無念と申者（マヽ）ニ候段被申、夫ハ何分無念と被仰
候而も是非無御座と申候得者、左候ハヽ、是ハ先無念と申事ニ相認可申と被申ニ候、尤百姓共と懸引之儀ハ段々有
之候得共、[redacted]委クハ難記、右之趣ニ御座候、夜ニ入引取越前守様へ御届ケ申上罷帰り候

一右御届ニ付仙蔵悴長之助対面仕度之旨伺置候処、御吟味中故対面之儀急度相成不申候旨御申渡有之、猶又もはや御用之儀無御座候ハヽ、在所へ差登シ候儀如何と相伺候処、其儀ハ勝手次第ニ可仕旨被仰出候事

一暮合御評定所相済越前守様へ御届ケニ罷出候処、仙蔵悴弥惣右衛門ニ附添下り候処、対面仕度相願候儀、御吟味中故相成不申段被仰渡候、仍之伊右衛門相伺候者、御用筋無御座候ハヽ、帰村致させ候而ハ如何之段申上候得者、勝手ニ為致候様被仰渡候

一酒井左衛門尉様ゟ此間御礼御音物御使者之御礼として御使者秋尾五兵衛御口上、左之通
　昨日ハ時節為御見廻預御使者、殊ニ御目六之通被懸御意忝存候、右為御礼以使者被申達候

廿九日　晴天、風有り

一（右御家老）水野内蔵助ゟ此間御使者御音物之御礼（と、欠カ）して参上可仕候処、病気ニ付名代差遣候由、今泉貫太夫左之通
　藤牧伊右衛門様江
　　水野内蔵助

名代
今泉貫太夫

口上

残暑甚候得共、弥御堅固被成御勤珍重之御事御座候、一昨日ハ従新兵衛様以御懇書御目録之通拝受仕重畳忝仕合奉存候、其節為御使者御出之処、折角用儀ニ而役人共参居、得御意候座敷茂無御座、及御断失礼之至御用捨可被下候、病気故参上延引ニ付、貴様迄名代ヲ以御礼申上候、且又御請等弐封之呈愚札候、万般宜敷御執成所仰候、以上

六月廿九日

一小寺屯ゟ左之通

一筆致啓達候、従新兵衛様御書被成下、其上御目録之通縮二反拝受之仕忝仕合奉存候、則左衛門尉江申聞之候、御請之儀宜様奉頼候、恐惶謹言

小寺屯
判

六月廿八日

藤牧伊右衛門様

六月晦日　晴天

一国枝彦之進入来、菓子出ス、一件様子武右衛門咄シ申候、伊右衛門も逢申候、代右衛門不快故逢不申候、右咄ニ付国枝被申候ハ、兼而御咄之御屋敷之儀、右近様御用人も咄申候処、夫ハ御三人御一所ニ而ハ御不自由可有之候間、御願被成候ハ、相済可申事ニも御座候間、此度之一件相済候上能所御見合被成、御願被成可然存候段挨

掕之由

一酒井左衛門尉様ゟ御歩士使ニ而御状来ル、此間之御返事と相見ヘ候

一越前守様御用人中ゟ左之通、暮六過

濃州時山村名主弥惣右衛門、組頭善助・藤七、右三人之者共明朔日五ツ半時評定所へ御差出可被成候、尤先達而之通御心得御取計可被成候、此段可申進旨越前守申付候、以上

六月晦日

土屋越前守内
安田條右衛門
石野治左衛門
塩谷忠兵衛

高木新兵衛様
御留主居中様

右直ニ御請遣候、尤呼状ニ無之、御請ニ者罷出不申候

七月朔日　晴天

一伊右衛門儀、庄屋弥惣右衛門・善助・藤七右三人召連、今朝五ツ時頃御評定所江罷出候、善助・藤七宰領弥惣八、庄屋弥惣右衛門宰領多吉(東山)遣候

一木村佐左衛門ゟ一昨日之返事到来、一昨日此方より申上候者為差儀も無御座候間、多良へ申上之儀者追付御吟味落着之上可申上哉、又御安心之ため一通り可申上哉之旨靱負様へ相伺候処、為差儀も無之候得共、先為御安心一通り書状差出可然旨被仰之由申来り、奉畏候旨佐左衛門へ返事遣シ、晩程迄ニ書状相認、若伊右衛門早ク帰候ハヽ、今日之様子も相認遣候積り、伊右衛門帰りおそく候ニ付、有増ざッと今日之趣申遣ス

一伊右衛門七ツ過御評定所仕廻、越前守様へ参御届申上、尚又代右衛門即疱仕候ニ付、此節御呼出御座候而も罷

出可（ママ）申旨以書付を御届申罷帰候、御評定所之様子、江戸宿御預ケ之百性共も不残御呼出ニ而善助・藤七口書御よミ為聞、其上御用金之訳又々御吟味[redacted]ニ而甚百性共被呵候由、組頭之者共国へ可帰と存事なかれ、此上死罪ニ可被仰付哉、遠島ニ可被仰付哉、追放ニ可被仰哉不相知候と御申、殊之外被呵、庄屋共ニ今日色々之吟味有之候由、西右衛門時山村へ預ケ申付候義又々百性共申候ニ付此義地頭役人ハ不預ケと申候へハ証拠無之事故、其儀ハ其方共申義不相立不預ニ相決候間、□□（其通）口書ニ相認候間、其通可相心得候、追而印形取之候間、いぎ仕事不成候と急度御申渡シ之由、尤御留役幸之進殿御壱人御歩行目付御立会ニ而御吟味之由

二日　天気吉

一大野与一右衛門（神田橋左衛門尉様御留守居）・山口三郎右衛門・中村清蔵へ伊右衛門ゟ御奉札を以小菊五束宛今日為持遣候処、何茂留守ニ而請取来ル

三日　雨天

一土屋越前守様御用人中ゟ呼手紙到来、左之通

被申達儀有之候間、各様之内御壱人今日中越前守御役所へ御出可被成候、此段可申進旨申付候、以上

七月三日　御用人三人

高木新兵衛様御留守居中様

右伊右衛門四ツ比ニ越前守様御役所へ参上仕候処、喜多（ママ）野小十郎罷出御帳面持出候而左之通ニ相しるし有之候所、印形致候様ニと申義

高木新兵衛家来
三輪武右衛門
三輪代右衛門
濃州石津郡時山村
庄屋
弥惣右衛門
組頭
善助
同
藤七

右之者共明四日朝五ツ時御評定所江召連可罷出旨被仰越、奉畏候、右刻限無相違差出可申候、以上

高木新兵衛内
藤牧伊右衛門印

一木村佐左衛門方へ一昨日之趣并明日御呼出之儀以手紙申遣候、使太吉、右返事ニ大御安心御大慶被成候旨申来ル

一

四日　曇り、風強シ

一明六ツ時伊右衛門、武右衛門・代右衛門并庄屋弥惣右衛門・善助・藤七召連御評定所江罷出候、尤庄屋ニ一人、両人之百性ニ壱人、宰領東山弥惣八・東山多吉付ル、右御評定所へ罷出候処、惣席へ罷出候得共、御出座遅ク、其上段々御吟味物多、外御吟味相済候上武右衛門・代右衛門御呼出シ御座候処、弥惣右衛門・善助・藤七・利

八も御呼出有之、武右衛門・代右衛門追々申口御書留、御留役衆御読被成候処、惣御奉行様方被仰候者相違無之哉之旨被仰候ニ付、相違無御座候段申上候、其上弥惣右衛門申口并ニ善助・藤七申口銘々御認、御読為聞被成、是又相違無之哉之段被仰渡、弥惣右衛門も両人組頭も一同相違無御座旨申上候、尤弥惣右衛門口書之儀書物之儀も武右衛門・代右衛門申上候通相違も無之、其外之儀ハ証拠無之御取用ひ無御座候段御書付有之候、善助・藤七も申立相立不申段御書付有之候、右御読為聞之上双方印形御取り被成候処、此方ゟ申上候儀不調法手抜ケ之筋無御座候、廿八人ハ先達而之通申分相立不申、役人之取計非道筋無御座、地頭ヲないかしろニ仕候旨御書付ニ候処、印形仕、弥惣右衛門・善助・藤七ハ申上候儀申分ケ相立不申旨之御書付ニ御座候、右相済八ツ半頃ニ退出仕候

七月五日　雨天

一国枝彦之進・鈴木定右衛門へ昨日之趣手紙ニ而申遣候、彦之進返事来ル、定右衛門ハ留主ニ候

一遠山様へ武右衛門・代右衛門参上、夜ニ入帰ル、児玉へも見廻□(候)処、留主故申置候

六日　雨天

一多良へ書状遣ス、一昨日之趣申遣候、香気院ゟ之紙包箱も一所ニ木村方へ頼遣候

一多良書状来ル、別条無之候

七日　天気吉、風有り

一靭負様へ御祝儀ニ参上、帰りニ源左衛門へ見□（廻カ）候

八日　晴天

一弥惣八今朝出立仲（ママ）仙道へ登ル、時山村長之助も召連罷登り候、多良へ書状遣ス

一御宝納劔作ニ伊右衛門同道相越候、神田国重

九日　晴天

一網代郷右衛門、一件之儀如何と尋ニ伊右衛門方へ相越候

十日　晴天

一酒井五郎助様へ武右衛門参上、郷右衛門ニ逢委細申談候、五郎助様御留主ニ有之、申置候事

十一日　晴天

一伊奈半左衛門（伊奈忠有）様へ国役御普請之儀伺ニ伊右衛門参上

十二日　くもり

一周右衛門尾州ゟ之書着

十三日　晴天

一医師へ薬礼三百疋、百姓共并弥惣八・代右衛門□(相)懸り候医師通民へも遣ス

十四日　晴天

一沢田門太(ママ)夫相見へ候、靭負様御尋被遊候段口上有之、酒出ス

一上総屋太右衛門相見へ、、(ママ)涼麦出ス

一宿屋権兵衛へ金弐両渡ス

一神田橋へ御法事御見廻涼麦遣、本庄様へ菓子

十五日　晴天

一木村佐左衛門方へ手紙遣ス、尤金子拾両受取ニ遣ス、使太(ママ)吉

一西村源右衛門見廻、周右衛門方へ書状持参

十六日　晴天

一御国へ書状出候積り相認候処、御国ゟも書状尾州定日ニ到着、則返事荒増相認差出、尤佐左衛門方へ向申遣候

十七日　晴天《くもり》

十八日　晴天

一木村佐左衛門ゟ一件様子尋として手紙到来

十九日　晴天

一紀州様（徳川重倫）ゟ御家督御祝儀之御相礼□（御）使者有之、干鯛箱・樽代五百疋

廿日　晴天

廿一日　晴天

一尾州ゟ周右衛門書状差越、則佐左衛門ゟ被届候、又々返事佐左衛門へ申遣ス、尤多良へハ別ニ不申上、未御裁許無之趣周右衛門迄申遣し候

一板倉兵庫様（板倉勝任）へ伊右衛門御使者相勤候、干鯛一折・御樽代弐百疋

廿二日　くもり、七ツ過ゟ夕立・大かミなり、かもん様新御殿へ落候よし、夜ニ入候而も□□（九ツ）迄ふり

一八ツ時頃越前守様御用人中ゟ手紙、左之□（通カ）

三輪武右衛門殿・三輪代右衛門殿并時山村庄屋弥惣右衛門、組頭藤七・善助儀、明廿三日五ツ半時評定所江
御差出可被成候、此段可申進旨越前守申付候、以上

七月廿二日　土屋越前守内
安田條右衛門

高木新兵衛様
御留守居中様

石野治左衛門
塩谷忠兵衛

右御請遣ス

廿三日　天気吉

一朝五ツ時武右衛門・伊右衛門・代右衛門并庄屋弥惣右衛門・善助・藤七宰領太吉相添御評（定欠）所へ罷出候処、百姓共も不残宿屋共召連罷出候、然処、九ツ頃ニ御呼出有之、御留役御徒士目付立会ニ而幸之進殿被仰候ハ、先達而尋残シ候処ニ用金申付候ハ如何之訳ニ而申付候哉と御尋有之、則申答候ハ、此儀ハ主人不勝手ニ付知行所へ用金申付村々ゟ取賄仕、則年ノ暮ニ物成を以指次来り候処、去々未年（宝暦一三年）外村方も一同困窮仕調兼候ニ付、是迄時山へ申付候儀者無御座候得共、小高之所ニハ候得とも家数多、殊ニかせき仕炭やき彦根へ売々仕候得者□□（金子）模通り□（もカ）能御座候間、百性共調呉候様相頼候処、勿論□（所）通用之利足ヲ加へ来暮返弁可致と□申談候処承知仕、仍之懸合之支（度）宅等為給□（候カ）而強而申付候訳ハ無御座候旨申上候、尤庄ヤへ者是迄少々宛追々申付、毎年返弁仕来り候旨申上候処、左候ハヽ、其旨下ケ札先達而之書付ニ下ケ札被仰付候間、左様ニ相心得可申段被仰聞候、尤幸之進殿被申被成候ハヽ、是迄不申付候所江四拾両之金子申付候儀ハ一がい成儀ニ而ハ無之哉と被仰候処、左様ニハ無御座、右程之金子ハ調兼申事ニ而ハ無御座趣ニ相見へ候故、申付候得者申付候節ハ早速承知仕候得共、十九両弐分差出シ候上断申候間、任断指免シ申候と申上候

一百姓共へ御尋ハ、庄屋ニ有之候書物何ゆへニ善助・藤七請取候哉と御尋有之、勿論一学（高木貞一）・内膳（高木貞往）百姓共取ニ参候故、請取相渡候由、如何之訳哉と御尋被成候処、彼是入組候事共両組之百姓共ゟ請取ニ参り候間、弥惣右衛門

ゟ請取三組一統ニ封印仕候と申上候得者、夫ハ何ゆへニ請取ニ参り候哉、如何相心得庄ヤより請取相渡シ候哉と御尋之処、是ニ□《(ハ、カ)》訳之御座候儀と申上、其訳ハ如何と御尋候ニ付、此儀者時郷之内ゟ山だまヲ大勢取ニ参り、或ハ道ヲ造り大木ヲ切、渕抔ヲ埋道等造り、山ヲ見□《(ニ、カ)》参候旁仕候故、公事ヲ起候儀と相心得、仍之村方有之候古キ書付共取集メ、相改封印仕候と申上候得者、夫ハ尤之事、□《(左カ)》候ハヽ、其段下ケ札ニ相認候間、左様相心得可申と被仰候、其上時山も神鳴《(雷)》ハ鳴候哉と御尋被成候処、山中故余程成神鳴折々鳴申候と申上候処、昨日之程ハ房《(ママ)》鳴かと御申、昨日之様成ハ無御座と申上、左候ハヽ、先引可申と御申被成候

一外ニ庄屋ニ御尋ハ時山之物成ハ何程ニ候哉と御尋被成、庄屋得と不申、炭抔も差上年貢ニ指次来り候間、何程ニ候哉得と覚不申旨申之、左候ハヽ、組頭共呼候様ニ被仰、組頭罷出御尋之処、藤七申上候ハ、惣高覚不申候得共、高壱石ニ米四斗七升ツヽ出シ候と申上、夫ニ而相知レ、夫ヲ廿九石ニ懸候得者相知申候と被申ニ御座候

右之通惣方書付出来御読聞せ有之候、重而印形御取り可被成との御事ニ御座候、尤庄屋書付ニハ米高十三石六斗三升と被書付有之候、右相済及暮引取、伊右衛門儀者越前守様へ御届ケニ罷出候事

廿四日　晴天

一越前守様手紙到来、左之通り

高木新兵衛家来
三輪武右衛門
三輪代右衛門
濃州時山村
庄屋
弥惣右衛門

右之者共明廿五日明ケ六ツ時評定所へ御差出可被成候、此段可申進旨越前守申付候、以上

組頭
善助
藤七

七月廿四日

土屋越前守内
安田條右衛門
石野治左衛門
塩谷忠兵衛

高木新兵衛様
御留守居中様

右御請遣ス

一靫負様へ武右衛門・代右衛門参上、昨日之訳申上候、尤児玉方ゟ様子内聞之儀申上候、則帰り立寄候様被仰、仍之立寄候得共客来有之候間、申置罷帰り候

一西村源右衛門へ見廻候事

廿五日　曇り、四ツ比ゟ天気吉、少々ハくもり

一伊右衛門、武右衛門・代右衛門并庄屋弥惣右衛門・善助・藤七召連七ツ比ゟ評定所へ罷出候処、くじも余程有之、殊ニ御吟味も無ケ敷《（ママ）》候ニ付、間取り候て九ツ過ニ御呼出し有之候而、一昨日之下ケ札御よミ為聞、其上印形仕り、越前守様へ御届申罷帰り、遠山様佐左衛門迄以手紙右之趣申上候、尤参上仕可申候へとも御用多御中故、為差儀も無御座事故、佐左衛門迄以手紙申上候

一文左衛門便りニ多良ゟ書状到来

廿六日　くもり

一児玉繁右衛門ゟ此間相越候挨拶手紙来ル、何時ニ而用事有之候ハヽ、参り候様申来ル、殿様江御状、周（松井）右衛門書状来ル、則尾州便り遣ス

一多良ゟ書状来ル

一多良へ書状木村へ向遣ス

廿七日　雨天

廿八日　天気吉

廿九日　晴天

八月朔日　晴天

一靱負様へ御祝儀ニ参上、御留主ニ御座候処、門（沢田）大夫・佐左衛門も病気之由ニ付申置罷帰り候

一児玉繁右衛門へ立寄候処、留主故申置候

一伊藤梅蔵入来

二日　雨天

三日　風雨

一昨夜殊外大雨ニ付今朝ゟ大風、夜入五ツ過迄大風

四日　快晴

一文左衛門入来

五日　晴天

六日　晴天

一尾州便りニ御割合書状伊右衛門・族（前嶋長良、佐野長良）ゟ差出候間、書状遣ス

一木村佐左衛門、此辺通り候ニ付見舞候由ニ而入来

一武右衛門不快ニ付田伊林庵相頼入来、代右衛門も薬相頼候

七日　晴天

一文左衛門明八日出立ニ付書状誂へ遣ス、尤代右衛門赤はね迄罷越呼出逢《アイ》申候事

八日　天気吉

一武右衛門病気ニ付御届并庄屋弥惣右衛門長髪ニ付病気障り月代つまみ伺、左之通

高木新兵衛家来
三輪武右衛門

一右之者一昨日ゟ寒熱往来積指発り、御呼出御座候□（而）も可罷出体ニ無御座候、此段御届申上候、以上

高木新兵衛家来
藤牧伊右衛門

八月八日

高木新兵衛知行所
濃州時山村
庄屋
弥惣右衛門

右之者長髪ニ而逆上仕頭痛眩暈仕候付、月額つま、せ申度奉願候、以上

八月八日

藤牧伊右衛門

右之趣越前守様御役所へ御届申上候事

八月九日　天気吉

十日　天気吉

一青木九十郎(青木直美)様御内広瀬四郎兵衛ゟ文左衛門申置候、正蔵へ届物差越候事

十一日　くもり、昼頃ゟ雨ふり

一田井《タイ》林庵へ武右衛門病気相談ニ代右衛門罷越、則林庵入来

一多良へ書状大田屋へ向遣ス

十二日　くもり

一飛騨守様明十三日朝六ツ時御出立被遊候由

一木村佐左衛門へ武右衛門病気之儀旁手紙遣ス

十三日　天気吉

一木村木村佐左衛門入来、武右衛門病気御尋ニ被遣候

一飛騨守様御出立ニ付品川迄御使者ニ伊右衛門罷出候処、御立早ク川崎迄参り候事、御音物鰹ふし

一林庵相見へ候事

十四日　天気吉

一遠山様ゟ病気御尋とし（て、欠カ）御酒・御肴被下置候

十五日　天気吉

一遠山様昨日之御礼ニ遣ス事

十六日　天気吉

一加賀（前田重教）屋敷ゟ御医師被遣候処、武右衛門病気林庵見立之通相違無之薬法に候間、右薬相用候様ニ被申候

一林庵入来

十七日　天気吉

一井口庄蔵入来、木村ゟ口上有之候事

十八日　天気吉

一青山氏見廻ニ相見へ候

十九日　天気吉

一靫負様ゟ武右衛門様体御尋として庄蔵被遣候

一多良ゟ之書状御七り便りニ参り候由ニ而庄蔵持参之事

一林庵相招武右衛門為見申候処、余程様子能、此上変無之候得者追々快可有之旨被申候、人参少々用ひ見候様被申候ニ付随し相用候処、無別条候

廿日　雨天

廿一日　雨天

一多良へ書状遣、尤武右衛門病気之訳も申遣候事、尤木村氏方へ相頼遣候

一

廿二日　雨天《くもり》ゝゝ

廿三日　くもり《天気吉》ゝゝゝ

一武右衛門御尋として正蔵（ママ）被遣、尤佐左衛門ゟ之口上、医者も思召当テ有之候ニ付御願被遣候様可被成候間、否
申上候様御申越ニ付、則様子医師も御頼申上候

廿四日　天気吉

一靭負様ゟ御頼ニ付宮崎玄養被遣被下様子見被申候処、殊外大病之由ニ被申薬相頼候処、靭負様へ申上、其上林
庵老とも相談之上調合致度旨被申候、則此段木村へ申遣候処、弥明日早々玄養頼遣可申候間、林庵相控候様ニ
との御事ニ而正蔵被遣候、仍之林庵へも宜相頼申遣候

廿五日　晴天

一四ツ頃玄養・佐左衛門も相見へ、林庵呼ニ遣候処是も相見へ、相談ニ而玄養薬調合ニ御座候
一右病気之訳越前様へ様子相伺ニ伊右衛門参上

廿六日　雨ふり

一武右衛門儀相替ル儀も無之、尤少々大便遠ク相成候、頭痛ミ気味逆上之様子ニ有之、則此段玄養方へ申遣候、
薬り調合被指越候、尤佐左衛門方へも申遣候、且尾州産人参被下候、尤掛目壱匁壱分五厘有之候
一金拾両佐左衛門ゟ請取候事
一武右衛門病気之様子旁以、多良へ書状十七ヤへ差出候
一靭負様ゟ武右衛門御尋として御肴石かれ・いな・あし壱籠十三被下置候事

一武右衛門病気重ク相見へ候ニ付、伊右衛門越前守様へ（ママ）御番所へ罷出小十郎ニ逢、在所へも為差登度旨内々承合
候処事

廿七日　雨天

一薩摩様ゟ暑気御見舞之御返礼使御使者冨士久八御三所様へ、但、六月十一日之御返礼也
一武右衛門儀相替ル儀も無之、玄養老へ申遣候、則入来

廿八日　晴天

一武右衛門様子林庵・玄養へ申遣候処、玄養より薬来ル、林庵入来

廿九日　晴天

一武右衛門少々快方ニ有之、玄養へ申遣候処、則入来之事
一木村氏へ様子可申遣と書状相認置候処、正蔵見廻ニ被遣、則頼遣候

卅日　くもり

一武右衛門病気重ク御座候ニ付、越前守様御番所へ左之通御届申上候
高木新兵衛家来
三輪武右衛門

右之者病気ニ付先達而御届申上候処、此節別而差重ク候様体ニ御座候間、猶又御届申上候、以上

八月晦日　　藤牧伊右衛門

九月朔日　くもり

一越前守様御番所并飛騨守様御屋敷へ参上之事

一玄養入来、武右衛門儀も少々快方之由被申候

一多良へ書状出ス、尤佐左衛門方へ向て遣候、武右衛門様体も申遣候事

二日　天気吉

一靫負様ゟ武右衛門様体御尋として佐左衛門被遣候

一林庵入来、武右衛門も少々快方ニ有之由被申候

九月三日　天気吉

一上総屋太右衛門見舞として相越候

一玄養入来、武右衛門儀少々快方之由ニ被申候

四日　天気吉

一木村氏江手紙遣ス、武右衛門様体并人参頼遣候事
一飛騨守様廿四日ニ宮宿御出立之由申来

五日　清(晴)天

一佐左衛門ゟ唐人参調へ差越被呉候事

六日　清天

一林庵入来
一多良へ書状相認、佐左衛門方へ向遣ス
一多良ゟ書状来ル、尤国役御用ニ付御入用旁以之儀、御割合飛脚〻〻ニ而町便りニ来ル

七日　晴天

一玄養入来、武右衛門少々快方ニ候段被申候事、尤薬法も替り六君師湯加減之由、人参ハ是迄之通り候

八日　晴天

一武右衛門薬法替り候処、少々中り之気味有之、早朝玄養方へ申遣候処、仔ハ不苦ゑたき之儀ハ加減致候段申来
一佐左衛門方へ手紙ニ而様子申遣候

九日　雨ふり

一武右衛門儀ゑたき有之候ニ付、玄養方へ申遣薬り（ママ）替り候得共、是ニ而もゑたき留り不申玄養被参、又薬加減被
致候

一多良ゟ四日切之書状着、武右衛門儀御尋有之候事

十日　晴天、風有り

一武右衛門相替ル儀も無之候ニ付、玄養方へ薬ニ遣ス

一木村氏へ書状遣、尤多良ゟ之書状も遣候、金子申遣候処、正蔵ヲ以武右衛門御尋として被遣、則金子持参之事

一本庄辺ニ祈祷所有之由ニ付、青山貢相頼尋ニ遣相知レ候間、弥頼遣候由

十一日　晴天

一玄養入来

一多良へ書状遣、并弥惣八荷物差登ス、大田やへ遣候事

一木村ゟ昨日之返事到来

一貢本庄へ頼遣候、尤今日ゟ七日之内

十二日　晴天

一木村ゟ正蔵被差越候事
一貢本庄へ相頼遣し候

十三日　天気吉

一木村佐左衛門、武右衛門様子承りニ入来
一多良へ書状出、但、四日限り、桑名へ向遣候事

十四日　雨ふり

一玄養入来

十五日　雨降り

一林庵入来

十六日　天気吉

一木村ゟ手紙到来
一多良へ書状木村へ頼遣候事、尤あなたより使返事ニ遣ス
一林庵玄養入(来、欠カ)通伯様相頼候様被申、則手紙差越被申伊右衛門持参、留主故申置候事

十七日　晴天

一今日限り本所祈祷一七日代参済

十八日　天気吉

一通伯様御出無之承り遣候処、御不快ニ有之明日ニも御出可被成由ニ御座候

一木村ゟ武右衛門様子尋ニ手紙来ル

一

十九日　天気吉

一今日ゟ一七日本所へ祈祷代参頁相頼遣ス

一数原通伯様御出被下候処、先玄養薬り一両日相用様子次第ニ可申遣と被仰候事

一木村方へ右様子申遣候事

廿日　天気吉

一玄養入来

一西村源右衛門見廻ニ相見へ干うんとん持参

廿一日　天気吉

一多良ゟ書状到来
一多良へ書状定日便佐左衛門へ頼遣、尤多良ゟ之書状も差遣候事

廿二日　天気吉

一玄養入来

廿三日　天気吉

一林庵・玄養へ代右衛門罷越候事
一靫負様へも武右衛門快趣ニ付御礼旁代右衛門参上仕候処、御酒・御吸物頂戴、御目見へ被仰付候事
一吉田兵庫殿御出、武右衛門御祈祷請申候事

廿四日　雨天

一玄養入来

廿五日　清天

廿六日　清天

一本所御祈祷所へ二七日相済候ニ付、代右衛門社参仕候
一玄養入来

一多良へ書状今朝木村方へ向て遣候
一多良ゟ書状大田屋ゟ来、金子十五両来ル
九月廿七日　天気吉
一遠山様へ武右衛門御酒御願申上候ニ付、今日被遣候事
廿八日　天気吉
廿九日　天気吉
一武右衛門様子能御座候段木村へ申遣候
一玄養入来
十月朔日　天気吉
一多良へ状遣、木村方へ遣候事
二日　天気吉
三日　晴天
一玄養入来、武右衛門も様子能候間、是以後ハ二日置ニ見舞可申と被申候事

四日　雨ふり

一武右衛門快方ニ相成候間、仍之伊右衛門次兵衛へそは切振舞

五日　くもり

一武右衛門様子能候段、木村へ申遣候事

六日　天気吉

一多良ゟ去月廿六日出書状着

一多良へ書状遣、右返事も兼而大田屋へ向遣ス、尤安之右衛門（鈴木）・加兵衛へ書状相添遣候事

七日　くもり

一木村佐左衛門暮合頃入来、武右衛門様子御尋之趣ニ而御座候、酒振舞、且武右衛門先達而御酒御願申上候処、又々好ミ候ハヽ、可被下置与被申、則願遣候事

八日　天気吉

九日　天気吉

十日　天気吉

一越前守様御用人中より手紙到来、左之通り

三輪武右衛門・三輪代右衛門并時山名主弥惣右衛門、組頭善助・同藤七、御家来之内壱人差添、明十一日明ケ七時評定所江刻限無間違御差出可被成候、此段可申進旨申付候、以上

十月十日

土屋越前守内
安田條右衛門
石野治左衛門
塩谷忠兵衛

高木新兵衛様
御留守居中様

十一日　天気吉

一明ケ八ツ半頃罷出、七ツ時御評定所へ罷越候処、直ニ御縁かわへ相詰候処、御誓紙御用有之、右相済候得共御呼出無之、漸々九ツ過ニ御呼出有之、左之通被仰渡候

百性共儀、地頭ゟ用金四拾両申付候処、十九両弐分差出、残金廿両弐分相断候得共、差免候上者申分無之事、右吟味中源右衛門不埒有之咎メ申付、其外弥惣右衛門并善助・藤七咎之儀も不埒有之申付、并西右衛門・其外之者村預ケ申付候之儀も離旦出入ニ付疑敷儀(趣)相聞候故、吟味中預ケ申付申口相分り追々差免シ候処、自分之不埒を差置地頭家来共取計非道之由相違之儀申申(衍)立、地頭吟味中江戸へ出度々欠(駆)込訴致(仕)仕(衍)候段不埒ニ付、与兵衛・勘右衛門・利八者役義御取放・押込被仰付、百性共儀ハ手鎖被仰付候、組頭吉兵衛、百性弥太右衛門・石松・佐六・八郎兵衛・勘兵衛・次郎八ハ吟味中病死致候ニ付無御構無之(衍)、勝右衛門・善助儀ハ去々未年離旦出入之儀ニ付吟味中外百性共一同村預ケニ成候処、何之子細も無之預ケニ成候由相違之儀を申立候段不埒ニ付、急度御叱り、弥惣右衛門・藤七ハ不埒も無之御構無之段被仰渡候

一三輪武右衛門・三輪代右衛門、武右衛門病気ニ付代右衛門并伊右衛門承知仕様被仰渡候趣、百性共願筋右体
ニ被仰付候処、地頭役人・其方共取計之儀、吟味被遂候上手抜之儀無之、仍之御構無之候間、其趣相心得早
速新兵衛方へも申遣候様被仰渡候

右相済候上者御請書差出候様被仰渡□(ル、カ)

差上申御請書之事（一札之事）

一高木新兵衛知行所濃州石津郡時山村百性共■御吟味之上願筋相立不申、仍之私共儀御構無御座旨被仰渡、奉
畏候、仍而御請証文如件

高木新兵衛家来
煩　三輪代右衛門
三輪武右衛門

明和二年酉十一月十一日（十月）

御評定所

一百性共御請書■写シ取り候様御留役被申ニ付、則左之通り

差上申一札之事

吉兵衛外廿七人願之趣再応御吟味之上、左之通被仰渡候
一組頭与兵衛外弐人・百性惣助外拾七人儀、地頭所ゟ申付候用金四拾両之内拾九両弐分差出、残金廿両弐分
ハ願之上聞済有之差免候上者申分無之処、右吟味中百姓源右衛門地頭所江対シ不埒之儀申立候ニ付咎メ申付、
其外弥惣右衛門并善助・藤七咎メ之儀も不埒有之申付、并西右衛門其外之者共村預ケ之義も、離旦出入之義
ニ付疑敷趣相聞候故、吟味中預ケ申付申口相分り追々差免シ候処、自分之不埒を差置地頭家来共取計非

道之趣相違之儀申立、地頭吟味中江戸江出御奉行所江度々欠込訴仕候段不埒ニ付、与兵衛・勘右衛門・利八者役義御取放・押込被仰付候、百姓共義者手鎖被仰付候、但、組頭吉兵衛、百姓弥太右衛門・石松・清六・八郎兵衛・勘兵衛・次郎八者御吟味中病死仕候

一善助儀、去々未年離旦出入之儀ニ付吟味中外百姓共一同村預ケニ成候処、何之子細も無之預ケニ成候由相違之義を申立候段不埒ニ付、急度御何（呵）被置候

一弥惣右衛門・藤七義、不埒之筋も無御座候間、無御構旨被仰渡候

右銘々被仰渡候趣一同承知、奉畏候、若相背候ハ、重科可被仰付候、依之御請証文差上申所如件

濃州石津郡時郷之内
時山村

明和二年酉十月十一日

百姓
同　仙蔵
同　助五郎
同　長八
同　助太夫
市右衛門代
同　市三郎
同　仙右衛門
同　庄兵衛
同　権八
同　源次
組頭
善助

組頭
同　善兵衛
同　勘右衛門
同　利八
百姓
惣助
同　助太郎
同　林助
同　源右衛門
同　傳九郎
九兵衛代悴
同　亀之助
伊右衛門代悴
同　善之助

名主　弥惣右衛門　　同　儀右衛門
組頭　藤七　　　　同　林平

御評定所

一今朝明ケ七ツニ御評定所へ罷出候処、外類無之御誓司（詞）有之相済候得□（共）、御評定初（始）り不申、漸々八ツ時ニ初り直ニ被仰渡、其上御請書取被仰付右留之通印形仕、其上百性共之御請書御見せ、則留候様ニ御留役衆御申、直ニ写取引取、尤在所へ罷登り候而不苦候哉と相伺候処、勝手次第と有之候、右引取伊右衛門・代右衛門国枝へ立寄候処、留主ニ而申置候、夫ゟ伊右衛門ハ越前様へ御届ケニ罷越候処、代右衛門ハ靫負様へ申上ニ参上仕候処、御逢被成候而御在所へ申遣候様ニ被仰、則□（書）状認御七り便ニ出候

十二日　天気吉

一国枝彦之進相見へ爰（緩）々咄被申候事

一多良ゟ書状来ル

十三日　くもり

一児玉繁右衛門へ相済候趣書状昨日認候得共、人支ニ付今朝遣候処、返事来ル

一増山様（増山正賛）ニ而定右衛門并神田橋両酒井様・靫負様へ罷越候事

一木村佐左衛門入来、金子廿五両預之内持参

一族初伊右衛門家内共并次兵衛・佐左衛門へけんとん振廻、吸物・酒出ス

十四日　天気吉

一西村源右衛門方へ暇乞□(二、カ)罷越、則のしめ払頼置候事

一朝(浅)草御坊へ罷越候処、両輪番他出ニ付時順寺罷出、相済候趣委細咄、此上迚も御寺法一件ニ相抱(拘)り候儀有之候
ハ、宜敷頼候段申達候処、承知之段申之暫咄罷帰ル

一上総屋太右衛門方へ暇乞旁立寄候事

一飛騨守様御屋敷へ参上、西村喜内呼出候而御機嫌伺申上、猶又一件相済候段ハ先達而伊右衛門参上候得共、相
済候ニ付罷登り候旨申上候事

一数原通伯様へ御礼ニ参上、御肴上ル

一遠山様ゟ御酒壱樽・御肴被下置候事

十七(五)日　天気吉

一林庵・玄養へ礼ニ罷越候事、薬礼持参、肴相添へ

一鈴木定右衛門・国枝彦之進并評定所辻番へ暇乞ニ罷越、甲斐庄(武助)殿へも辻番ニ申置候

十六日　天気吉

一遠山村(様)へ参上、児玉へも相越候処、留主ニ而申置候

一両医師并児玉へ暇乞ニ相越候事
一遠山様へ参上、御逢被遊御酒・御吸物被下置候
一上総屋太右衛門入来、吸物・酒出ス
一弥助入来、右同断支度出ス
一玄養・林庵入来、くわし（ママ）出ス
一西村源右衛門入来
一門太夫入来
一青木九十郎様御家中へ書状遣ス
一伊藤源左衛門
一朝草輪番ゟ書状来ル

十七日　天気吉、昼七ツ頃出、川崎泊り

一青山喜兵衛入来、いせヤ入来、其外追々
一佐左衛門見立ニ相越、絵府（符）持参
一太助参上
一青山貢・弥助、品川迄見送り候事

あとがき

ちょうど一年前の二〇〇四年一一月に拙著『交代寄合高木家の研究――近世領主権力と支配の特質――』（清文堂出版）を公刊したのだが、その「第一章　交代寄合高木家にみる幕藩個別領主権力の特質」の第二節において、本書において翻刻のうえに紹介した御用日記（全六冊）などに拠って、交代寄合旗本高木家の知行所である美濃国西端の時郷時山村の同家領民集団による江戸出訴一件を高木家等の対応策に注目して分析し、幕藩権力の実態と特質を問題提示した。すなわち、そこで問題提示した幕藩権力の特質とは、上位領主への集権性だけではなく、幕藩武家領主集団による権力の執行という集団性（武家領主の横の連携性）も備えもっていたのではないかということであった。論文での事例検討であったため、当該江戸出訴一件の史実の紹介は要点のみに限定したものにならざるを得なかった。しかし、自らの問題提示を今後の幕藩権力論の進展のための僅かな糧とするためにも、一件に対する高木家等領主側の対応策の全容を公開することも必要であろうと考えるようになった。勿論、六冊の御用日記の翻刻で一件の史実すべてを紹介できるわけではないし、当該一件を詳細に分析した研究（西田真樹「明和期農民闘争と幕藩権力――美濃国旗本領における集団「退去」をめぐって――」『名古屋大学文学部研究論集』史学26、一九八〇年）も先に報告されている。それでもやはり、御用日記に記載されている基礎的な貴重な史実を専門研究者だけでなく、今後に日本近世史を学ぶなかで幾多の史実と格闘するであろう多数の方々に共有していただくことの意義は大きいと考え、御用日記の翻刻作業に取り掛かった次第である。

今回、翻刻作業の成果を本書にまとめ公刊できるのは、愛知学院大学文学会の教育出版助成を受けることができたことによるところが大きい。ここに本書出版へのご理解とご協力を賜った文学会会長の大野栄人文学部長をはじめとした文学会委員の先生方、そして、文学部所属の諸先生方に厚くお礼を申し上げる。

また、翻刻作業に際しては、原本の閲覧利用にご多忙のなかで快くご応対いただいた名古屋大学附属図書館研究開発室の秋山晶則助手をはじめとした方々に大変お世話になった。そして、原本を所蔵されている名古屋大学附属図書館には、多大なご理解のもとに史料の翻刻公刊をご許可いただいた。ここに記して謝意を表する。

最後に、本書刊行に際しての要望をお聞き入れ下さった溪水社の木村逸司社長および西岡真奈美の両氏に対して、深く感謝申し上げる。

二〇〇五年一一月

伊藤孝幸

編著者略歴

伊藤　孝幸（いとう　たかゆき）

愛知学院大学文学部歴史学科助教授

1959年愛知県生まれ。名古屋大学文学部卒業。名古屋大学大学院文学研究科博士後期課程満期退学。博士（歴史学）。名古屋大学年代測定資料研究センター助手、愛知学院大学文学部講師を経て、1999年より現職。専門は日本近世史。

主な著書は、『交代寄合高木家の研究―近世領主権力と支配の特質―』（清文堂出版、2004年）、『多度町史』資料編２近世（共編著、2004年）

愛知学院大学文学会叢書２

江戸出訴への領主の対応

――交代寄合高木家役人出府中御用日記――

平成18年２月20日　発　行

編著者　伊　藤　孝　幸　Ⓒ

発行所　株式会社 溪水社

広島市中区小町１－４（〒730-0041）

電　話（082）246－7909

ＦＡＸ（082）246－7876

E-mail: info@keisui.co.jp

ISBN4-87440-908-3　C3021